大人密碼

用靈氣召回金鑰匙

魏可風——著

目錄

前記

靈氣這個名詞誕生在十九世紀末，那時亞洲兩個古老的國家，中國和日本仍是一對腐敗的難兄難弟，西方人挾著工業革命後的凌人盛氣船堅炮利，指向亞洲擴張利益版圖，英國人敲開自封天朝中國的大門，美國人登上日本土地直接導致幕府被推翻，在王政復古的呼喊中集權歸政於天皇。西方文化從此揚長而入。一八九五年日本實施全國六年義務教育的同時，也躋入八國聯軍輕而易舉迫使中國戰敗，在中國與眾多國家簽署的不平等條約之中，日本因為馬關條約得到第一個殖民地台灣。雖然中國認為那不過是個蕞爾小島，日本卻有了打敗大國的初試啼聲，從此難兄難弟分道揚鑣，日本在明治天皇的各種改革政令中，國力在短短幾十年內迅速強盛，在取得台灣之後又過不幾年，借題發揮和朝鮮發生江華島事件，於是整個朝鮮半島便納入日本帝國的勢力範圍中，天皇政府承續豐臣秀吉以來西進和南進的擴張慾望，繼續朝著掠奪者的道路前進，為了滿足大日本帝國東亞共榮圈的勢力擴張，日本臣民必須隨時面對備戰的人力軍力調動、物資緊縮壓力，以及殖民台灣、朝鮮的生離死別與不確定未來的忡忡憂心。

主要戰場在歐洲的一次世界大戰爆發於一九一四年，結束於一九一八年，當時人們並不知道戰敗的德國，僅僅再過二三十年就會因為極度自卑而出現極度強硬自大的納粹希特勒，同樣極度自卑的日本在迅速抬頭之後，進入二十世紀初，已然是亞洲的納粹，也將在二次世界大戰中扮演強悍鐵血、凌駕所有國家之上的角色。

到哪裡都逃不過戰爭魔掌的動盪時代，臼井甕男出生在一八六五年，只比明治天皇（一八五九－一九一二）晚幾年，在東京墓園紀念碑原文為：靈法肇祖臼井先生功德之碑，由當時的從三位勳三等文學博士岡田正之撰文，海軍少將從四位勳三等功四級牛田從三郎書寫，立於昭和二年二月。碑文上清楚知道臼井甕男（Mikao Usui）博士的部分史實，他出生於相當於現代名古屋附近的岐阜縣山方郡谷合村，擁有武士徽章的家族，遍讀文史哲學、神學、醫藥學各種書籍之外，還喜歡旅行，遊歷中國、美洲、歐洲等地，在京都鞍馬山苦修斷食到第二十一天時，領受到靈氣的能量與真理，於是他謹慎地先用在自己的家族親戚朋友中，逐漸證實治療的效度強大，才開始正式授課，過了十一年又四個月，他終於成功地將理念闡述到當時天皇所在的東京，創立了道場，即是靈氣治療協會（Usui Reiki Ryoho Gakkei），也進入東京政商高階層社交圈，傳播他的靈氣守則以及身心治療的手法，這時期逐漸有來自遠方的人慕名來學習靈氣。

在學者法蘭克．彼得（Frank Arjava Peter）的研究中，臼井博士和學生們的聚會開始時，經常先朗誦一段明治天皇的詩詞，除了日本人普遍將明治天皇視為千古聖君之外，這樣的作法也可讓靈氣協會得到最佳的保護。碑文中提到，一九二三年九月日本發生大地震及火災，他為這些患者憂心，到處奔走為病人治療，一九二五年在東京以外的地區建立道場，在聲名更盛的同時，經常不辭辛勞受邀巡迴日本各地，一九二六年三月九日在旅途中過世，一生傳授過兩千多人靈氣，其中十六人已臻最精進的階段，其中幾位再傳弟子移民西方世界後，也將靈氣的傳承散播出去，成為現在的西方靈氣。

靈氣的起源

當十九世紀末，日本政府處心積慮點燃亞洲戰火時，還在追尋人生道路的臼井甕男在遍布東密古剎的京都鞍馬山上觀空禪坐。與神佛合一，在參天古樹間，淨明的星空下，感受神祕的光與能量從頭頂進入身體，深深的震撼使他提筆寫下著名的幅帖；「招福的祕法、萬病的靈藥」。因此有學者認為靈氣源自於西元五世紀初。（注：靈氣的觀念與手法，強調人體可以成為能量直接傳遞與接收的管道，與五世紀以來佛教東傳日本，結合日本本土神道教儀式相關。日本佛教的發展，從中國魏晉南北朝日本僧人往長安取經開始，經過一千多年與日本本土神道教的信仰結合，成為日本佛教道教，在佛教史上稱為東密系統。）

然而臼井博士在傳授學生的小冊子中寫著，靈氣五守則以及靈氣的治療手法，將接收到的能量命名為靈氣，稱自己為「肇祖」，強調這是獨創的，可以作為人類身心治療的福祉，相對於未來其他靈氣旁支，直接從臼井代代傳承的系統就稱為臼井靈氣。

臼井靈氣的傳承在教學時非常明確，西方靈氣從第一級初學感受靈氣與光能量的存在，到第四級完成靈氣師父訓練，教授者傳承自哪一位靈氣師父，再往上追，師父的師父是哪一位，最終可以在白紙黑字的證書上追溯到臼井甕男。

一九三七年，盧溝橋事變幾乎是江華島事件的翻版，自認為強盛的日本盯上中國這塊大腐肉已經有幾十年了，中日戰爭終將爆發的前十一年，一九二六年，臼井博士中風忽然過世，享年六十一歲，也許這是靈氣給予他最恰當的禮物，從巨觀的歷史長河來看，這個時間點剛好讓這位靈性導師超然於中日情結之外，在巨大的血腥怨恨尚未出現之前安然離世。

當時誰也不知道掠奪者終將面臨力量的反撲，當日本本土遭受美軍轟炸的時候，南京早已血流成河，中國山河焦枯哀鴻餓莩處處，當原子彈落在廣島時，日本昭和天皇的心碎了，毀滅者被毀滅！這已經是逝世二十幾年的臼井博士難以想像的世界，二次世界大戰後，全人類都掙扎著從貧窮與廢墟中重生。

殘酷的爭戰歷史如今不到一百年，而靈氣也從光能量的無條件給予付出中傳播至今已有一百多年，似乎是光明與黑暗的相互撞擊。

將這些撞擊放入四十六億年的地球史中檢視，似乎百多年是微不足道的，然而毀滅與重生必然從痛苦開始，各種人們複雜無解的情緒波瀾壯闊地湧現，誰能有喘息的片刻呢？能夠讓人們進入屬靈的世界？幾乎都是極度的苦難與折磨。

如果將念頭具象化，思緒在一秒鐘內可以湧現千萬朵念念相繼的想法雲片，怨恨、憤怒、憂心、恐懼、不安、焦慮，從來不來自於外在任何人、事、時、地、物，而是有個一切不足的我，不但正在不斷放大咆哮和要求，並且還非常灰暗瑟縮地拒絕被祝福。

靈氣五守則

穿越爭戰年代的靈氣五守則這樣寫道：就在今日不生氣，不擔憂，感激一切、供獻己力在分內之事，和善待人。

那麼簡潔有力的方法，在煩擾的泥沼中，卻非常不容易做到。生氣和擔憂通常無法在理智命令之下直接平復。實在不合理的情況出現時，不生氣太困難了。

五守則並不是教條，作為守則的實踐需要更多開放性的思考，沒有懷疑就無法真正進入信任，在不確定的黑暗中摸索著未來時，洞澈明亮的內在判斷，是隧道另一端的引導光芒。

深呼吸、左右手合掌，讓左半邊的身體和右半邊的身體與內在的專注連結，閉上雙眼深呼吸的同時，張開耳朵傾聽，擾動的沸騰情緒將逐漸平息，雖然引爆點並沒有消失，但心田湖水已經脫離炸藥的共振，相反的，專注的心靈自然能成為光的導電體。祈請靈氣的光與力量，雜念將隨著光的旋轉而消融，僵硬緊張的肩膀放鬆的當下，也許那顛簸的思維會隨著規律的呼吸走出扭曲的地道，一仰頭，豁然滾滾星河將閃爍著鋪天而來，靈光一閃，洞見覺知的金鑰匙了然目前。

脈輪小宇宙

「我」是誰？來自何處？身心靈的一切是亙古以來人類審視自我時一個最美麗的謎。

一切的無中生有來自宇宙最深處。

仰望無雲閃亮的夜空，一條寬闊的銀河橫跨天際。從我們所在的太陽系到銀河中心距離有多遠呢？據說得用億萬光年才計算得出來。那麼人的肉眼距離宇宙的邊緣有多遠？大概用百億萬光年也還計算不太清楚！居住在銀河旋臂最尾端的我們，距離半人馬星座、仙女座又有多遠？只有不斷擴張的黑暗空間才知道吧。

廣袤的宇宙空間計算單位是以「億」數，穿越人類有限的生命，成為深邃的過去與未來相對的記憶。從一百三十多億年的宇宙史俯瞰，猛烈的不規則土塊，「地」，相互撞擊、「火」，摩擦旋轉，「風」，美麗的圓球星體才能出現，然而直到這個星球有了「水」，才開始出現微生物體。

地水火風，依於空。這是古遠人們留下的諺語。古希臘、埃及、印度、中國，各處智者的夜空探索都指稱出這四大元素。各自衍生出各民族的自然博物學、宗教、哲學以及人體小宇宙與大宇宙連結的古醫學。

地是土壤、是身體腠理，肥沃的土壤可以長養出豐碩的食物，健康的身體腠理可以預期精采的人生發展。春季融雪的山嶺閃爍著幾道瀑布成為河流的源頭，少女紅潤的兩頰與唇飽滿著青春奔流的血液，水分汗珠在空氣中蒸發又回到大海和河流。幾十億年至今仍然熱烈燃燒的陽光，是火與溫度的本體，也是情人們互相擁抱的體溫。樹枝以抖動與彎度感受著暴風、旋風或是微風，人們則以氣息呼吸維持基本自覺或不自覺的每日生活。這就是四大元素的大宇宙及人體小宇宙的緊密連結。

小宇宙無法離開大宇宙而獨立生存。

所以在開啟能量連結時，必得一次又一次感激一切：父母是生命的根源；所存在的空間，土地、天空與雨水，是目前生活的立足之處；「我的身體」，是宇宙大

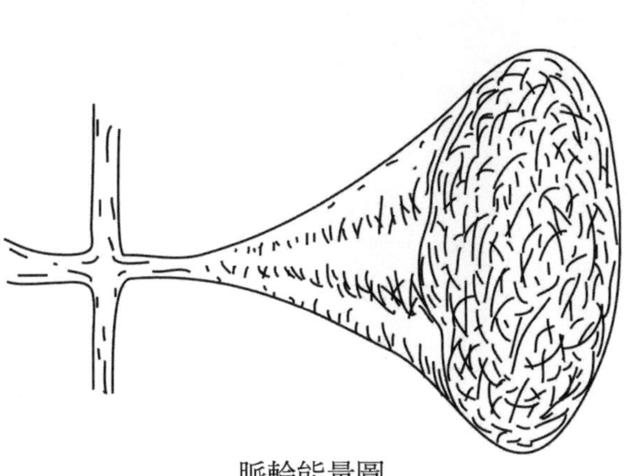

脈輪能量圖

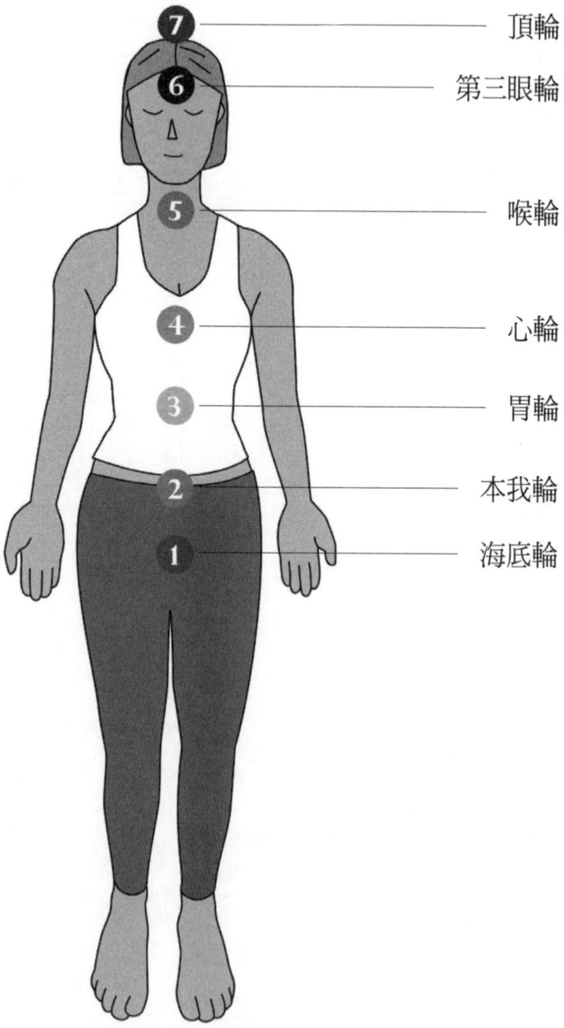
7
頂輪
6
第三眼輪
5
喉輪
4
心輪
3
胃輪
2
本我輪
1
海底輪

我的無數分支機構，感受心理意識、靈性神祕能量存在的最小終極單位，身心靈三者無可分割。

古印度人和印地安人都以脈輪來詮釋大小宇宙的連結。看不見的脈輪能量，正如其名，圓形，像百合花一般。從身體的前後中線張開，接收外來的衝擊，反映內在的思緒，脈輪的震動頻率隨著呼吸的深度而調整。經常寧靜地深呼吸能打開萎縮的脈輪，接引光能量的洗滌。不同的脈輪在身心靈各層面各有主掌，在臼井博士的教導中，逐步清除每個脈輪的負能量，對於身體健康會有很大的幫助。

靈氣的人體脈輪分指七個。海底輪、本我輪、胃輪、心輪、喉輪、第三眼輪、頂輪。靈氣白光從頭頂隨著呼吸往下洗滌，每一個脈輪也會同時收到所需不同顏色的光能量。

海底輪

在身體的最底部，兩腿之間，會陰的前後，是人體最私密的外生殖器以及外排泄器官尿道、肛門所在，脈輪的規律振動強而有力地呼應著地心引力，讓人們可以穩穩地站立在大地上，自由自在往前行走。也因此從海底輪的能量可以判斷行動力以及與物質世界連接的積極度。脈輪的強弱呈現著鼠蹊部、髖關節、大腿、膝蓋、小腿以及腳踝的運動能力。

螺絲鬆了

七歲的晶晶上小學一年級了，在學校下課玩著玩著總是跌跤，經常左腳踝扭到、左膝蓋破皮、左手肘拐到，最嚴重一次是左肩與左臉頰左額頭撞破。骨科醫師在X光照片中看不到任何問題，於是懷疑腦部發生問題，斷層掃描也沒有病灶發現，最後要求晶晶當場單腳試著跳跳看，晶晶縮起左腳，右腳可以不必手扶著跳好幾下，左腳卻連一下都跳不起來，很顯然是左腳無力導致經常跌跤。

從能量領域的觀察，右半邊身體屬於父親的能量，左半邊身體屬於母親的能量。在晶晶五歲時，父母親因為婆媳問題天天吵架，母親受不了父親永遠站在自己母親那一方，外遇了，父母協議離婚，晶晶歸父親這一方，由阿嬤照顧。從母親搬走後，晶晶一想念媽媽，阿嬤就叨念著：「那女人多冷血，敗德又惡劣，想她什麼用！她沒資格當你媽！」兩年來，媽媽從來不曾再出現，晶晶無法理解，開始的時候還會哭鬧著要媽媽，後來逐漸不吵了，甚至每次父親和阿嬤一起罵媽媽的時候，晶晶都安靜得出奇。直到左腳無力的病徵出現，父親和阿嬤才允許母親來看看晶晶。只要媽媽帶著她去吃吃玩玩，晶晶的跑跳就會恢復到完全正常。阿嬤看在眼裡，覺得晶晶平常單腳無力甚至跌跤的情況，一定是假裝的，不然就是故意想折磨阿嬤。

晶晶上二年級時，父親再婚了，晶晶的母親提出要求監護權轉讓，希望帶走晶晶，父親因為新妻子已經懷孕四個月，確定是男寶寶，已經鬆口願意。但是阿嬤卻不准許，認為那豈不是自家孫女流落他姓?!阿嬤又禁止這對母女見面了。晶晶雖然很乖不哭鬧，卻是每一餐胃口很小，睡覺時翻來翻去，阿嬤常常發現她總是睜大著眼睛側躺著，在黑暗中默默流眼淚，雖然看著心疼，為了家族的名譽和孫女的未來著想，身為大人必須狠心一點，只要孩子習慣了，撐過這一陣子，將來晶晶會知道阿嬤的苦心。

彷彿左半邊的螺絲就是鬆了，晶晶跌倒的情況變得越來越嚴重。但是阿嬤更不願意妥協，她甚至覺得之前讓晶晶跟媽媽見面是錯的，分明那個壞查某跟孩子說了什麼，以致晶晶膽敢和媽媽聯手對付阿嬤。這天早晨上學前，阿嬤直接恐嚇孩子：「除非我死了，或者你的腳壞去，那個敗德的女人絕對不能再進這個家門看你一眼！」

下午學校老師通知阿嬤，晶晶又跌倒了，這次狀況嚴重，是從溜滑梯頂端直接摔到地面，操場邊的溜滑梯大約不到一層樓高度。阿嬤衝到醫院，醫師說，晶晶有嚴重的腦震盪，額骨左上方裂開，蜘蛛膜下有瘀血，左臉頰整個擦傷，頸椎肩膀都有骨折現象，很顯然摔下時是從左臉左肩朝地。目前昏迷中，必須住院觀察到清醒為止。

阿嬤撫摸著晶晶稚嫩的臉頰，失神地喃喃自語說：「我帶你帶得這麼辛苦，你一心卻只想著你阿母！你這個壞小孩！那個壞女人沒資格來看我的乖孫女！」說完，眼淚撲撲簌簌流下。

就在老太太道德觀念的堅持下，晶晶這個幼小又短暫的生命直到停止呼吸的剎那，仍然見不到最想念的媽媽。

在兒童成長的過程中，父母是最初的人際對待以及行動力支持的來源，失去其中一方的疼愛，都會讓他們未來的人生深深蒙上陰影。海底輪失衡會直接呈現在行動力闕如，凡事總要拖泥帶水，決斷力很差。如何重新找回力量，關鍵就在海底輪的修復。

希臘神話中，太陽神阿波羅的兒子阿斯卡皮歐是醫療之神，有一天在荒野檢視一個被雷劈死的人，忽然一條蛇向他張嘴吐信，他反手將權杖往蛇頭砸下，蛇立刻被擊斃，但死蛇已經全身繞在權杖上。他把權杖放在地上，沒想到死蛇的另一隻蛇同伴啣著藥草把已死的蛇救活了。因此蛇纏繞在權杖上復活，就成為西方醫學數千年來的圖騰。（如下頁圖）

這個圖騰從十二世紀以來，常常被解釋為人體自我修復的神祕能量，到了十九世紀以後，結合了印度瑜伽行者的腹部呼吸與靜坐，認為雙蛇螺旋代表身體的力量從海底輪往天空伸展，是生命樹從大地滋長的象徵。

左旋蛇和右旋蛇隱喻男女性結合的繁衍慾望，權杖代表合一的生命力，讓生命在最初的年份蒙上陰影，海底輪的不平衡將發生各種情況：能量不足時，無法走入人群，經常防衛他人甚至慣性疑心病，凡事畏縮而猶豫不決，軟弱又懶惰。能量太過，則經常是焦慮不安的，對於物質的享受慾望強烈，有可能落入苛刻貪婪的陷阱。

海底輪能呈現每個人所選擇最根本的生存方式與對物質取用的態度，因此也稱為根輪，代表火焰與活力的紅色，經常是這個脈輪活躍時出現的顏色。

本我輪

在小腹中央，是腹部深呼吸意念專注之處。在中醫系統裡稱為丹田，代表穴位是氣海。小腹內重要的腺體，有女性的卵巢以及男性的攝護腺，也是吸收營養的小腸、儲存尿液的膀胱以及排除廢物的大腸所在之處。脈輪震動的和諧度與伴侶的情感對待、伴侶關係中的自我認知相關。

我們這一對

選擇在鬧區買房子，最大的好處是不必自己做飯，附近該有的各種餐廳都具備了，連冰箱都不必太大。宇倩四十歲，她和同齡男友凱中住在一起已經十幾年，兩人都是藥劑師，工作地點就在居處樓下的連鎖大藥房。二十幾歲時因為工作認識談戀愛。兩三年後論及婚嫁時，為了男方必須給多少聘金，女方應出多少嫁妝，雙方長輩鬧翻了。雙方家族結不成親家沒關係，兩人海誓山盟約定好，不辦理結婚登記，兩人都不喜歡孩子，所以不生小孩省去許多麻煩，年節各自回南部自家過，各自對長輩盡義務。

由於工作固定，興趣也很類似，生活很穩定又有趣，下班以後看電影、和朋友聚餐，或者在家各自聽音樂讀書睡覺。一年出國旅行兩三次，吵架小摩擦是有的，頂多兩三天又和好了。

沒想到就在四十歲這一年，宇倩懷孕了！

這個意外竟然成為他們大吵架好幾次的主因。凱中改變主意了，他們周遭許多朋友的孩子們都很可愛，他希望生活中增添嬰兒軟軟又逗趣的樣子。但是宇倩仍然堅持不要孩子，在懷孕不到兩個月時，吃了流胎藥，從此以後凱中就不再跟她說話了。

總是不說話的冷漠關係，同在一個藥局上下班後又回到同一個生活空間，宇倩每時每刻都很難堪不安。相反的，凱中似乎沒有任何影響，按照所有的節律生活，該和其他同事說笑時也開心得很，只是一轉頭看到宇倩就成了另一張冰棒臉，有時根本就把她當成空氣，後來連在同事面前也毫不掩飾。

原本無話不說的伴侶生活完全質變了，宇倩除了痛苦之外，就像掉入沒有希望的人生大海，她不知道凱中還要精神懲罰她多久？她想過好幾次乾脆分手，甚至要求凱中開口談談未來該怎麼做，他們共同買的房子要不要賣掉，一人拿一半的錢就各自不相干了。已經十歲的黃金獵犬由誰養？家具要不要送給朋友們，或者直接上網拍賣掉。都談完了，宇倩再看看要不要換工作，都分手了，還在同一個地方一起工作是不可能的。這所有的一切，總得分割清楚吧！

不論如何要求，凱中還是不說話。她看不到這條共同生活的路有什麼希望，不知道陰雨烏雲結束的盡頭在哪裡。為了所有的不確定，她尋求靈氣的幫助。

在合掌靜心的引導中，想像在身體前後張開的第二脈輪，小腹中央深深吸氣，薦椎中央張開慢慢吐氣，第二脈輪在靈氣的光中清洗過去的記憶。暫時掀去極端的焦慮，宇倩想起凱中的父母關係非常複雜，也許和他目前的個性養成有極大的關係。

凱中小學五年級時父母親離婚，一年後，母親帶著他和繼父結婚，繼父也同樣帶來前妻生的女兒，比他年紀小五歲，綁兩個小辮子，喜歡用髒兮兮的手去翻他整齊的作業本、弄壞他最喜歡的機器人模型。過了一年，母親生了一個妹妹，隔年再生一個弟弟。家庭空間徹底不夠了，他被迫和新生弟弟、菲傭共用一個房間，到了晚上老發現最愛的ＣＤ音樂片被抽出來又放回錯的位置，不論走到哪裡，甚至睡夢中，永遠有嬰兒哭鬧聲，關起的房門不時要被打開，人進人出拿這個那個，那個家，他真是厭惡極了，整整六年的時間他除了盡量在學校晚自習，吃飯睡覺從不跟任何家人說話。直到填大學志願，也故意填去最遠的高雄，他終於脫離那個討厭的家了。

凱中對宇倩用同樣的方式表達深深的憤憎。他不能原諒宇倩，畢竟那受精卵有一半是他的細胞，他擁有孩子的希望莫名其妙因為一顆藥粉碎了。從小私人物品不被尊重、私人空間總被踐踏得零碎不堪，那所有自尊心被漠視的感覺又全數被勾了出來。

如果這件事讓凱中怒火中燒，對宇倩來說，懷孕卻是按押著她淹沒入恐懼的醬缸中。凱中絕對不知道這恐懼是打從出生就帶來的。宇倩的母親血崩在手術台上，死亡的時刻正是她出生的時刻。

會算命的阿公從她懂事起，就告訴她不能常常去找爸爸的理由。因為她的四柱八字完全是典型的剋父母命。因此才由阿公阿嬤帶大，和父親及後母以及後來出生的其他手足幾乎沒見過幾次面。

就算她再會念書，表現得再好再乖，八字是不會變的。

當驗孕棒出現兩條線時，她驚呆了。那一夜輾轉反側，靠近天亮時好不容易睡著，卻夢到一個大著肚子的孕婦在生產台上，她就站在門口，以為是母親，忍不住輕輕呼喊媽媽，但是孕婦的臉一轉過來，卻是自己，就這麼嚇出一身冷汗醒來。

她是被母親詛咒的。能夠順利長大擁有還不錯像樣的生活就應該十二分滿意了。如果還膽敢擁有小孩，她怕自己也會死在生產台上。

面對凱中沉默的抗議，宇倩祈請靈氣祝福居住的空間，以及開啟她與凱中之間溝通的管道。在一個陰雨的下午，她看見一個客人手裡夾著一張寫滿了字的藥單走進藥局，她忽然很想寫一封信給凱中，把她內心對懷孕生產那些說不出的恐懼全部告訴他，最後一段是她反覆思考過的，「雖然沒有經過你的同意就拿掉小孩，我並不後悔，這是我的決定，就算再發生一次，我一樣會這麼做。我仍然非常愛你，但是，我不可能因為你而改變這一點。如果你不能接受，那麼請想想看我們的未來應該怎麼做。」

凱中收到這封長信之後，第二天開口了，第一句話就是，「我們把房子賣掉，分手吧！」當仲介來拍照的時候，凱中卻挑三揀四的談賣屋條件，又說這個仲介不行，要換另一家，換來換去，總找不到滿意的人代理賣屋。除了賣屋是兩人重新討論的話題之外，他們又開始從仲介的表達、長相穿著說到其他朋友的八卦。為了未來他們必須各拿一半的錢去找合適的住屋，他們就像兩個要好的死黨，一起注意附近的賣房消息，由於兩人的意見實在太吻合，每次好不容易找到一間合適的房子，就無法決定先讓誰買，好像本來的房子已經賣了早拿到錢了似的，誰也不讓誰先買到新的。

最後，凱中終於說：「看來這個世界上最合適的房子還是我們現在住的這間，那就別賣了吧！」

難以溝通的部分是相互理解了，他們已經可以更清楚共同往下走的未來。

本我輪的脈動正常時，在情感的表達是流暢的，與伴侶的互動如魚得水。但當大事件發生時，情緒的撞擊之下，本我輪會向內縮陷，挑起更久遠以前的潛意識與記憶，情緒種子瞬間抽芽生葉，曾經發生過的創傷復活了，無法由理智控制的情緒，能把兩個緊密生活在一起的人變得完全生疏難解，各自淹沒在情緒中，思慮是相互歪斜的，沒有交集點，也無法循線得知對方到底想要什麼。這時除非兩人都願意縮小自我，傾聽對方，否則要再度回到原本的伴侶生活是很困難的。因此這個脈輪通常需要代表溫暖的橙色。與伴侶的對待關係應該相互給予溫暖的意思。

然而覺知是非常深層個人的，只能掌控自我的覺知，絕對無法命令伴侶也覺知。如果無法兩人共同成長承擔，那麼願意先進入覺知道路的一方可能會失去原本不變的伴侶生活。這時本我輪所需要的是代表清醒光亮的黃色，一時之間雖不能立即適應獨自的生活，但未來每一日新的晨光將因陰霾逐漸掃除而更燦爛。

胃輪

在上腹部中央，由太陽神經叢掌管，正中央的中脘穴主掌肝膽脾胃的消化運作，與營養吸收、肌肉合成、血液新陳代謝以及消除疲累相關。

腹部脈輪包括肚臍的特殊能量，是人體前面中線任脈神闕穴所在，神闕的字面意思即是心神的宮殿。是人體從子宮期開始與母親連結之處，主掌生活及餵養下一代的觀念擇用。肚臍內有下肢淋巴回流的乳糜槽、胰臟、十二指腸，在這裡，情緒直接影響著消化吸收的質與量。想像自肚臍穿入一條直線從身體後方拉出，遇到脊椎的那一點稱為命門，主掌兩邊腎臟以及腎上腺，是人體背後中線督脈貫穿的腰椎中央點，主掌著事件發生時將恐懼逃跑還是憤怒打人的選擇。

這個脈輪不平衡，會在人際關係中經歷失焦的挫敗感。

暗影中的小河

十四歲的智淵又被罰站到教室外面。班導師已經跟父母親聯絡第三次了。

智淵在上課時無預警用力敲打桌椅，然後衝到走廊上對著天空大叫，常常嚇到其他同學，也造成老師教學上的干擾，導師和輔導老師對於他的情緒起伏束手無策。希望能轉由心理醫師接手治療。輔導紀錄轉給心理醫師時，明白建議智淵有躁鬱症傾向，應該服用藥物控制。

他的父母都是小學老師，注意到智淵在國二上學期以前並沒有發生這麼離譜的異狀，很努力地想找出真正的原因。更奇怪的是，這種莫名其妙吵鬧的行為只在學校發生，並沒有影響到家庭生活，智淵排行老三，家中三個孩子各自有自己的房間，智淵的房間書桌整理得比哥哥姊姊的都乾淨整潔，平常不太多話，全家只在晚餐時一起吃飯，餐桌上智淵也多半沒有聲音，吃完了碗筷很快照著規矩洗好放回烘碗機內。該負責倒垃圾的時間也會準時拿出廚房廁所的垃圾去倒。就算導師通知了三次，父母親的觀察裡，他仍然是個很自律沒有異樣的孩子。

日復一日的家庭生活中，只有一次智淵在上學前表現得稍有蹊蹺，他沉思著問爸爸：「轉學生會有什麼命運？」爸爸嚇一跳，才要開口，智淵擺擺手說：「算了，沒事吧！」教書多年的經驗讓夫妻倆覺得這裡面應該有什麼問題。於是他們多次找時間帶他單獨去吃鐵板燒，逛夜市買球鞋，嘗試把話題接軌到轉學的討論上，剛開始智淵很機警，不但牛頭不對馬嘴，還絕口不肯再提轉學，眼神中似乎藏著恐怕洩漏祕密的焦慮。

這祕密有可能很大吧？

父母親定然要開始擔心了，是否和校園霸凌有關？或是喜歡上哪個女生卻被拒絕？難道被校外黑幫盯上了，半威嚇著要他加入？如果祕密牽涉到朋友同儕，要說出口就絕對不可能。因為那叫做背叛！讓朋友知道了可是不得了！想讓青少年說出心中隱藏的故事，只能繞著圈子想辦法成為他們的朋友，在吃喝玩樂的相處中，經常和他們聊補習班課程、學校同學的八卦。哪個老師受歡迎，哪個老師最惡劣是大家的公敵，誰的名牌鞋子才穿一次就搞丟了，誰在課堂上打瞌睡被老師丟粉筆，誰愛嗆數學老師被罰週六去掃地愛校。在他們青澀的表達中留意蛛絲馬跡，就能循線摸索到珍貴的祕密花園金鑰。

金鑰匙還原事件的時間，是開學前一天。智淵和朋友們約在市中心的KTV，他一向準時，那天他和讀高三的姊姊去逛街買棒球帽，姊姊先回家了，他看看時間居然早了四十分鐘，心情上已經累了，於是直接去KTV，報了訂位號碼，服務人員帶他進包廂坐著，視野內竟然已經有一盤爆米花、一盤魷魚絲，和兩杯兀自冒著氣泡的蘋果西打。他塞了一把魷魚絲進嘴裡，一陣鹹腥的海水味從嘴裡泛開，心中疑惑，難道有人比他更早到嗎？

他無聊地看著點歌螢幕，耳朵卻聽到一陣陣有節律的呻吟，循著聲音的方向看過去，應該來自包廂角落的小廁所。智淵感覺臉上一陣熱辣，那呻吟的聲音很像班上一直在前三名的小河，這次來唱歌的聚會名單中竟然有她嗎？智淵習慣在功課上把她當成競爭目標，她長得並不好看，說不上可愛，很瘦小，但是她那雙往眉尾穴上揚的眼角，總讓他忍不住多看兩眼。

現在那雙上揚的眼角就在廁所門板的後面，忽然一陣劇烈碰撞門板的聲音，智淵很恐慌地想立即站起來逃走，腿腳卻是軟的，一點力氣也沒有，同時他聽到一個男聲啞著嗓子說：「這樣你還要分手嗎？」小河喘著氣大笑：「我們變成純炮友不是也很好！」撞擊聲停了，男聲開始低低地哭泣，小河接著厭惡地說：「就是這樣！真討厭，太黏人了！」語音才落下，小門嘩啦打開了，一個男生背影趴在馬桶蓋上，智淵看不清楚他的臉，小河頭髮凌亂，額上髮絲還黏著汗水，招呼智淵過去，隨手從裙子口袋掏出一張五百元塞到他手裡口齒俐落地說：「樓下轉角有個西藥房，去跟藥劑師說要一顆事後丸，一顆大概三百五十元，趕快，趁大家來之前幫我買回來。謝謝！」

智淵捏著那張五百元，莫名地生出氣力快速往外奔，彷彿事後丸這三個字是一種引擎機油，更新了智淵的心臟動力，他告訴自己，那個男的不是我們班的人，這個祕密只在我和小河之間。這麼想居然有些令人興奮。

當智淵拿著藥局小袋子回來時，那男的已經不見了，沙發座位上多了小河的好友，這個綽號包租婆的女生用奇異的眼神看著他。智淵的興奮瞬間消失，有點抖著手交出剩的錢以及藥丸，只聽包租婆轉頭跟小河說：「嗯，他的確夠蠢，保守祕密應該沒問題！」

是嗎?!保守這種祕密的壓力真大！蠢和單純是同義字，從那天起，就算在班上看到小河的背影都想鑽進地洞裡。他所看到的事件，已經超出生活圈太遠，女生到底是什麼可怕的動物？小河會不會集結她在學校所有勢力來試探他的口風？他對家人從來沒有祕密，不知道哪一天會說漏嘴，他對於只懂得規矩的自己真的很沒把握。現在才國中二年級上學期，剛剛分完班，他還要熬過至少一年多的時間，才能脫離洩漏祕密的焦慮。

中午吃飯時間到了，總看到小河身邊有一群男女笑著鬧著稀鬆平常地從他身邊走過去，小河神態自若地連一眼也沒瞧他，但是飄過去的氣味就像「夠蠢」兩個字，直接熨燙到心頭，收起太陽神經叢的網子，緊縮著胃開始悶痛，媽媽一早為他們準備的熱飯菜，保溫便當盒打開來還是香的，擺在面前卻一點胃口也沒有。他的腦袋停滯在那天的聲音情景中，以至於整天上課都無法專心。他覺得自己是個怪物，恐怕在小河和那群同學心中，他最好是趕快轉走，免得洩漏祕密。他不由自主晃動手腳，發現自己正用力地敲桌子，發出的大聲響也嚇到自己，馬上臉紅得衝出教室向天空大叫。

所有的情節能夠完整揭開，歸功於智淵的父母親非常有耐心的陪伴，爸爸想了一個接近智淵的方法，找出自己高中時期的照片，跟他討論照片中追過的女生，回憶同學們如何一起在冰店對隔桌的女生品頭論足。媽媽、姊姊和哥哥雖然各自忙著，有時間也參與討論，智淵看著大家，輕鬆地笑開了，在溫暖的家中說出祕密其實非常安全！

青少年除了課業的緊密度之外，他們已經進入複雜交友關係的初階。每天在一個班級中和許多人共同呼吸教室內的空氣八個小時以上，什麼莫名其妙的大小事件都可能從天而降。在人際關係中初嘗苦果的關鍵時刻，體內生長賀爾蒙正如雲霄飛車，快速而起伏不定，當事件如墜毀的流星直接撞擊他們毫不世故的判斷神經時，多半是徬徨無助的，這時家的溫度就是最直接的治療。在餐桌上和家人一起吃飯，食物的香氣與有趣的說笑聲，能鬆弛太陽神經叢扭結的情緒。

因此代表覺醒的明亮黃色或是代表更進一步得到祝福的金色，經常可以幫助這個脈輪從焦慮恍神中恢復專注清明。

心輪

在兩乳之間，是愛與信任最佳的儲存保險箱。脈輪範圍包括整個胸部乳房，給出愛，也接收愛。心輪內有心臟肺臟，大動脈血管與淋巴管的回流，是生命存活的基本幫浦。這個脈輪失衡時，多疑競爭與自我封閉將完全取代信任與愛。不但經常思慮過度心神不寧，也容易無端地心痛、喘大氣、胸悶，由於心輪在後背相對開口在脊椎上，如果過勞，也容易膏肓疼痛不止或上下背部脊椎側彎，提肩胛肌肉僵硬、肩胛骨拉扯痛。

往上攀爬的天梯

跳槽高升CPO公關總監才兩個月，心羽已經為大型的產品發表會上台三次了，每一場都很獲好評。今日是第四次，燈光束打在台上正等著她再一次的表現。

正當她流暢的英語簡報快要結束時，會場邊緣一陣騷動，似乎什麼大人物在這個時候來了，她心裡有數，應該是大老闆，利用簡報解說的黑暗邊緣，眼光掃過台下席位，並不是大老闆而已，老闆身邊還多了一位身材修長的男性，她的理智已經要求眼睛眨兩下，一切只能穩住穩住再穩住，但是呼吸卻不由自主地快速起來，糟了，耳裡聽到氣管的咻咻聲，她已經氣喘發作，麥克風掉到地上，台下譁然，很快地她被攙扶下台，喘著又懊惱著。

那個身材修長的男人正是她一年前在別的公司解雇的員工，理由是併購案的貪汙瀆職。心羽一進這公司，就聽到內部頻傳耳語，有一個談判高手即將被請來做CPO首席談判官，難道就是他?!去年她還能把那個人踩下去，現在他卻填進這家公司的高位。他是怎麼混上來的?!那個貪瀆案只有他們兩人心知肚明，那時心羽不得不嫁禍到他身上，否則她的私人帳戶曝光就麻煩了。那個人和大老闆的關係如何？大老闆對心羽的態度還算正常，不像知道內情的樣子。想到這裡，她氣喘得更嚴重，拿起氣管擴張劑連噴兩次才止息。

疑心的暗影從胸口流入血液竄飛全身，心羽從那天起，都必須繃緊神經，避開CPO辦公室走廊從另一個樓梯繞路回自己辦公室，最好不和那個男人照上面。她四十歲不到就坐上這個位置，為了爬上事業的巔峰，把兩個小孩和老公放在台北，自己到香港上班。她的選擇只能是成功與精采，絕不容許任何人擋路。

祕密掌握在他人手上，真是一件太糟糕的事！為什麼那個男人不立即報復呢？難道想用其他方式翻她的船？她身邊的人隨時有可能被收買，她已經不能信任辦公室裡任何組員，因此所有的公關活動從策劃到臨場，心羽都必須親力親為，即使剩下執行的細節，她也要測試執行人的口風緊不緊、效忠度如何。她的下屬管理變得很斯巴達軍制，因為疑心病太重，她的部門職員流動率越來越高，向心力越來越低。

心羽成了全公司有名的工作狂。

這樣過了一年多，在一次公司例行性健康檢查中，醫師在心臟超音波和心電圖中發現瓣膜脫垂的情況，建議至少需要休息一整年並且追蹤檢查，因為瓣膜已經有損壞的嚴重度，到了必須動手術更換的臨界了。

這一次，心羽面臨成功的掌聲與性命休養的抉擇。留職停薪意味著失去掌聲回到平凡生活，她現在的薪水是老公薪水的五倍，一整年休息會斷了職場的連續，她不知道還能不能夠順利拿到這樣的高位，當然更無法想像的是，從先生手中拿過少得可憐的薪水袋，在家斥喝小孩過生活。那會讓她想到被家暴的媽媽，酗酒的爸爸一開門，媽媽就瑟縮到牆角裡的樣子。

那些畫面猶如魔影，直到現在還經常出現在她的夢裡。父親暴力的理由常常就是母親生不出半個兒子來，害他拿不到阿公的財產，不然他早就做生意發財了。母親生病過世後，父親更是整天爛醉，有天晚上滿身酒腥氣打開她和妹妹的房門，妹妹睡在下鋪，上鋪的心羽被妹妹的尖叫聲驚醒翻下床，妹妹的睡衣已經被爸爸撕破，眼看內褲就要被扯掉，心羽使勁往爸爸的鼠蹊踢過去，他痛得曲倒地上，姊妹倆漏夜逃到警察局，那時心羽才十三歲，妹妹十二歲。她們被安置到收容所，等待寄養家庭認養。

在心羽的人生中，信任與愛是奢侈的，即使結婚，也是理智地選擇一個願意體貼順從的小男人，愛孩子以及願意給孩子愛，就讓小男人去做吧！媽媽柔弱得連保護自己都不可能，更何況是她和妹妹。人心險惡，靠自己掌控最有效。

疑心、算計、憎恨永遠無法修復心輪，在所有的計算都指向不放棄繁華時，心羽忍著每天肩背痠痛，明知心臟的風險卻仍努力工作。但是這麼多年的累積，她的投資理財、手上的現金、不動產以及股票都不可能讓那個小男人掌握，她精明的頭腦當然知道，那個小男人會聽話不過是因為心羽每個月會固定給房屋貸款以及兩個孩子念貴得要死的幼兒園學費。既然如此，她的計算就必須包括倒下以後所有的資產應該交給誰。

全世界能夠幫忙和信任的人只有妹妹千安。當遠嫁舊金山的千安衝到香港時，心羽像交代後事般平靜地把話說完，千安已經泣不成聲，求姊姊停下工作和她一起回去，至少休養一年的身體，與姊姊的笑容相比，錢簡直一文不值。

親人真誠的眼淚可以融化僵硬的心。

實際上，與他人的往來互動，不論好的壞的情緒反射，看不見的脈輪花瓣永遠先於實際肉體的接收。例如我計算他人，我對於他人的猜疑，或他人對我的憤怒，我對他人的不滿，每一次情緒事件都在脈輪花瓣上留下一些雜質痕跡，當斑痕累積成烏點甚至擴結成團塊時，疾病就從皮膚慢慢散入經脈，再滲入肌肉，最後沁入筋膜臟器或骨髓。

當心輪因為競爭與防衛而失去平和時，太過尖銳的脈輪需要清新排毒的綠色或淺綠色，進而寧靜的藍色可以撫平過激的心情，當發燒的腦袋靜下來，結

43 —— 42

合智慧與活力的紫紅色就能消解舊有僵化的價值觀。

綠色、藍色與紫紅色正是心輪不同層次的祝福。

喉輪

從喉結點中央張開，也是甲狀腺所在，是與父親連結的自信原點。大拇指節從下巴往內按的凹陷處是舌根底對應點，主掌聲音控制，與表達能力密不可分。甲狀腺後方是食道吞嚥與氣管分岔處，以及當呼吸道過敏時立即反應的扁桃腺。脖子後方的喉輪張開點在頸椎四、五節之間，當人們仰望星空時後頸摺痕的中央點。後方脈輪張開的範圍內，包括小腦、橋腦以及延腦，小腦關係著行走以及全身的運動平衡，橋腦與延腦則是呼吸心跳的生命中樞，憂鬱焦慮經常導致莫名的頭痛、睡眠不安穩、四肢無力以及心跳呼吸失去節律等等各種自律神經失調的症狀，因此這一點也稱為憂鬱點。

沉默的魚骨梗

義軍從一個月前就開始煩惱，中元普渡供品上插的三角旗幟應該寫明名字地址，還是不寫明比較好。因為寫明了就是告訴好兄弟們是誰供獻的，要報恩有地方找得到。但聽父親說，又不能寫得太清楚，萬一被無形的冤親債主看到了，報仇攀附正是明擺的指標。他捏著兩面三角旗，嚅嚅囁囁碎念著，這可關係到下個月的工程標案可否得標，要是沒標到，父親又會怪他了。義軍清清喉嚨，反覆思量，還是仔細寫上自己和公司的名字地址，不寫上父親和弟弟就行了吧！密密麻麻寫完，謹慎而不偏不倚地插入可口奶滋的箱中。鬆了一口氣，總算完成父親交代的事了。

父親派他寫標案，又丟出很多瑣碎的工作要他完成，但父親總是帶著弟弟去應酬吃飯，介紹漁會的大老、扶輪社獅子會有勢力的朋友、工程工會理事長等等。義軍羨慕弟弟的個性像父親，天生豪邁，大口喝酒大塊吃肉，人際關係很四海，生意頭腦也輪轉得快。他就不行，只能慢慢來，即使文書工作做得天衣無縫，父親也很少誇讚他。就算當年考上最高學府，父親只是看著他嘆口氣說：「你要知道讀書賺不了幾個錢，填志願也不選商科?!搞個哲學系做什麼？聽人講哲學念出來都會變成神經病！」義軍垂著頭聆聽教訓，雖然堅持自己的選擇，卻從來沒敢頂嘴，越這樣父親彷彿火氣越大，順手巴掌就從頭甩下去，斥喝：「我怎麼生出你這種娘炮！」這話從小聽到大，義軍已經沒感覺了。

大學四年認真努力讀完，又考進哲學研究所，父親皺起眉頭，問他敢不敢獨自去國外留學，如果敢，那就直接出國念商，「哲學念四年夠了，腦袋沒秀逗算神明保庇！再念研究所頭殼就敗了！沒出息！」商要讀得好必須有數學邏輯腦袋，要拿到最好的成績才不辜負父親的期望，但是他沒有自信可以面對一大堆數字，那是極大的壓力，考慮三天後，義軍終於鼓起勇氣告訴父親，他決定仍留在國內念研究所就好。父親不屑地癟癟嘴，指著他的鼻子說：「連這個都不敢，孬！你到底是不是男人?!」父親對他的語言暴力從來不曾少過。

上研究所那年，輪到高中念了好幾年的弟弟上大學，由父親關說進一家聽都沒聽過的餐飲學院，學院中弟弟蹺課玩社團組吉他樂團，混兩年之後，立刻規畫出國讀語言學校。等到義軍的研究所碩士論文口試通過那一年，弟弟的英文也練得嚇嚇叫，拿個無名碩士回來了。從此父親眼裡義軍就像空氣般不存在。弟弟結婚生子之後，儼然成為家業的第一順位繼承人。

義軍比弟弟大四歲，但是很瘦小，看起來長得高大的弟弟走路說話虎虎生風，才是大哥的樣子，他反倒像跟班小嘍囉。看著弟弟順利結婚，義軍也很想交女朋友，但是交一個挫敗一個，遇到喜歡的女孩，他就漲紅了臉，說話變得結巴又小聲，好像做了什麼虧心事，說話老是含在嘴裡糊著說，正常的女孩兩三次就謝謝不聯絡了。以為約會幾次追上手了，女孩只會巴著他要禮物，幾次名牌包、限量版名牌圍巾衣服鞋子要到了，進程到貴重的名牌首飾鑽錶時，他老老實實明白告訴對方自己不能掌控錢，大部分的生意也不歸他管，女孩很快就找藉口不聯絡，把他甩了。感情路上他是次等公民，接近四十歲的年紀，也真正傷心過兩三次，他不再抱著結婚的希望。

工程生意場上，有個對義軍很同情的朋友民濱，比義軍長八歲，個性既開朗又多鬼點子，有好吃好玩的活動就帶著義軍去參與，像一個可靠的大哥兼父親，從生意場到日常生活，義軍逐漸習慣將最苦悶的麻煩以及與父親之間永遠的疏離無解吐露給民濱聽，兩三年之間，民濱已經成為義軍精神上不可或缺的依靠。有一天兩人在民濱的單身公寓開了一瓶老紅酒，微醺中，民濱拉起義軍的手背輕輕啄一下，義軍臉上迅速火紅，酒精點爆了情慾，這裡沒有外人。兩人從此以後出雙入對，連弟弟弟媳都看在眼裡心中明白，只有七十幾歲的父親仍然蒙在鼓裡。

又過一年，所有社交圈的人也都知道了。在一次婚宴的場合，一個父親生意上的老夥伴幾杯高粱下肚，醉醺醺拍著老友肩膀說：「阿興，你就成全他們吧！你看他們多登對，現在同性戀都可以結婚，不丟臉！」霎時全場子都安靜下來，父親一掌拍在桌上，睜大眼往義軍這一桌走來，恐懼霎時蒙黑義軍整個人，一驚嚇，一根魚頭勾骨吞梗喉嚨中，大聲嗆咳起來，幾秒之內，義軍臉色已經發白，指著喉嚨擠出一個「痛！」字，為了想把魚骨吞下去，拿起白飯急急又吞好幾口，不但沒讓魚骨滑脫，反而梗得更緊，以致連聲音都發不出了。民濱急得不得了，連忙大聲叫：「不行，要送最近的耳鼻喉科把魚骨頭夾出來！」很多人放下筷子七手八腳簇擁著義軍離開了，算是魚骨暫時解了父子反目的危機。

但是魚骨梗得太深了，醫師做了局部麻醉卻只取出半片，看到食道更下方腫起上下兩大包，卻不敢再往下夾取，怕破壞到喉部神經。當天晚上住院時，義軍已經發燒了，父親卻不顧他是否清醒，大聲在病房謾罵，意思是他死也不會同意兒子是同性戀，卻不敢把民濱趕走，因為生意上還要往來。民濱只能敷衍著說只是朋友，應該是長輩聽錯流言誤會了，絕對沒這回事，老人家面子保住了才悻悻然離開。

魚骨梗對於食道肌肉組織完全是異物，紅腫就是發展成喉頭發炎感染的證明，因此連吞口水都非常痛，更不可能直接從口腔進食了。醫師很快幫義軍插鼻胃管並投予抗生素，希望燒能夠退了，再以斷層掃描找出異物到底在哪裡。

由於紅腫發炎越來越嚴重，義軍在醫院一直燒燒停停。耳鼻喉科醫師向家屬發出通知，必須會診胸腔科醫師，這兩天病情觀察是關鍵，如果惡化得太嚴重，不排除全身麻醉，直接從脖子前方中央動手術切勘，移開甲狀腺，再劃開喉頭食道一定要取出魚骨，這麼做恐怕會完全破壞聲帶與氣管，結果病人就終生無法發聲說話，又因為喉部氣管遭到結構性的破壞，必須從喉嚨最下方直接開一個呼吸洞口，醫學名稱就是氣切，接出一個管子讓肺部不經由鼻子也可以呼吸。

義軍的父親為了同意手術而到醫院簽字時，神情十分落寞，看著躺在床上仍然因為止痛藥而熟睡的兒子，不發一語看著民濱，眼神非常無助。似乎在說，這個兒子即將終生帶著氣切管，不能說話了，將來怎麼繼續在生意場上混？剩下的人生形同殘廢！

面對老人，民濱反倒安慰他，義軍本來就不喜歡社交說話，即使氣切，恢復照顧得好，也可以做文書工作，他本來就心思細密，除了工作之外，生活上不用擔心，民濱用堅定的語氣說：「我一定會照顧他。」老人聽著沉默許久，嘆一口氣說：「唉，叫他別在好兄弟的旗子上寫清楚地址，他就是不聽，如果寫我多好，我已經老了，沒幾年可以活，又只寫他自己，冤親債主找上門就是這樣了！」民濱沒料到竟是這樣的對話，一時不知道該怎麼接話，老人看看他，拍拍他的肩說：「沒關係，我都知道，你們上輩子是夫妻，神明說的。你照顧他吧！」

說完老人危顫顫地起身，蹣跚地走了。說到底，這位父親仍然不知道，如果不是因為恐懼，魚骨也不會瞬間梗入義軍的喉嚨深處。

喉輪主掌自信表達的可能性。連結父親的精神支持，是陽性向外拓展的強度顯現。男性與父親連結上，如果是疏離而溝通不良的，除了畏縮自卑之外，還會討厭自己。女性若失去父親的支持力量，或是直接因為母親而批判父親，這個脈輪也會不平衡，在未來伴侶與婚姻的選擇眼光上，會變得極為偏頗。所以不論男女性，在這個脈輪不和諧時，都會產生語言表達的困難，以及與異性感情相處的不順利，內縮的脈輪人格容易擔憂太過，又在意他人太多。

因此需要放鬆焦慮的粉紅色光，洗滌長久以來對父親的偏見和父愛的渴望，體認到父親不是完美的聖人，也只不過是一個經歷著人生與命運的平凡人，父親有父親的命運與他的選擇，我可以有我的命運和我的選擇。當脈輪恢復平靜時，父親的期待與眼神就可不再主導「我」的情緒與選擇，於是寧靜的寶藍色光就能接續轉化煩憂，從清明中生出自信。

第三眼輪

脈輪的中央點在兩眉之間，從這裡穿入一條直線，再從頭頂中央放下一條直線，兩線的交叉點就是中腦，是下視丘、腦下垂體與松果體所在，是第六脈輪主掌的範圍。下視丘、腦下垂體是全身賀爾蒙的指揮官，松果體又稱為光的腺體，每天分泌可以幫助修復細胞安然入睡的褪黑激素。煩憂多時，腦下垂體會分泌較多的促甲狀腺素以及促腎上腺素，使得甲狀腺與腎上腺分泌增加，於是血壓心跳升高，血液循環加快，身體就進入備戰狀態，提振精神專注力以便處理事件。

第三眼顧名思義，即是除了真正的雙眼之外，這個脈輪是主掌直覺以及靈性層面看不見的第三隻眼。當各種情緒干擾賀爾蒙的相互協調，而輾轉臥不成眠時，接收直覺訊息的清晰度就會減低，事件洞悉及判斷力相對遲緩。因此這個脈輪不平衡時，經常會發生衝動暴怒、對事件判斷錯誤，或是太淹沒在情緒中無法自拔。

月夜魅影

二十歲的惠貞和幾個男女朋友趁暑假參加兩天一夜的野外活動營隊，到了晚上營火結束後，朋友們仍然意猶未盡，夏天的山谷裡螢火蟲很多，他們開心地帶著手電筒沿著山路逛去，山裡面手機無法通訊，所以沒有人手裡還拿著手機看，一路大家唱歌說笑，一直鬧到十二點多才又循著原路走回去，月光照著樹影晃蕩，忽然幾個女生尖叫起來，見鬼了！原來有個男生走得快，坐在路旁等得不耐煩，待人走近忽地拿手電筒從下巴往上照，大夥回神後又大笑。

青春月夜總嫌時光太短暫。他們回到兩人一房的民宿已經接近凌晨一點，這是個以溫泉出名的地方，惠貞同房室友年紀稍大些，不喜歡和他們一起夜遊，早已經呼呼大睡，聽領隊說溫泉可以消除肌肉痠痛，整天走那麼多路，大概一整年的運動量都超過了，她打算泡個溫泉澡，再舒舒服服去睡覺。泡澡大浴缸面臨山谷，是一片大的玻璃窗，她把浴室內的燈光調暗，捲起窗簾讓月光灑進來，感覺超級浪漫，放鬆又有趣，即使就這麼睡著了也很好。

從溫泉中爬起來躺到床上，一切已經在眼睛睜不開的迷濛中，惠貞翻個身，聽到自己輕輕的鼻息沉而且長，趴！一個滋渣聲響吵醒她，勉強睜開一隻疲倦的眼睛從枕頭這邊斜斜看過去，是兩張大床正前方的電視螢幕開著，上演黑白卓別林，惠貞忘了睡前是否去開了電視，反手摸到床頭櫃的電視開關鈕按掉。這個房間的冷氣似乎無法調整，她縮回溫暖的被子裡繼續睡。趴！電視又打開了，這次惠貞整個人坐起來，身體雖然還疲倦，睡意卻沖淡了許多，她曾聽過學長講，電路發生問題電視機會無故打開，這種事時有所聞。於是決定不吵醒室友，躡腳爬下床鋪打開廁所燈，找了半天，終於找到電視機插頭，拔掉它！安心了，打個大呵欠再躺回床上，因為太累，很快又睡著了。嘩啦！一陣物品掉落的聲響就在耳邊，這次是電視機旁梳妝台上她和室友的雜物，隱形眼鏡藥水、盒子、手機、梳子、保養品玻璃罐、粉餅匣、口紅包全都落在地毯上，惠貞嚇醒已經睡意全無，也不敢往梳妝台鏡子裡看，連忙去推睡熟得跟豬似的室友，好不容易搖醒她，室友居然說：「有什麼好怕的，我跟你換床就是了。」

換了床，室友沒過多久又睡死了，惠貞卻是一閉上眼就神經質地感覺看到一個胖老外，黑暗中睜著發出綠光的雙眼，站在她的床邊盯著她看。她又起床把包包內阿嬤幫她求的平安符、朋友送的十字架、在龍山寺隨手拿的觀世音菩薩普門品小書冊，全都掏出來分布在枕頭旁邊，就這樣睡睡醒醒到天亮。

從那天起，惠貞就經常恍神，從來沒有失眠問題的她，到了晚上就變得敏感而煩悶，連睡覺都害怕，漸漸地，記憶力因為睡眠不足而變差，常常忘了學校期中考期末考，神經質又躁鬱，月經混亂，賀爾蒙失調。

從西醫觀點看這個女孩的症狀，已經是身心症了，如果惡化得更嚴重些，就必須給予精神分裂的藥物控制。

在中醫領域稱為「客忤」，照字面意思解釋即是，正常的人體能量被他靈侵犯，會出現精神無法集中或寢臥不寧，甚至失去正常思考與行為，成為失心瘋。歷代針灸學上有直接在人體穴點下針即可能回復正常心神的方法。最著名的記載是出自唐代《備急千金要方》的〈孫真人十三鬼穴歌〉（註：內容即：「百邪顛狂所為病，針有十三穴須認。凡針之體先鬼宮，次針鬼信無不應。一一從頭逐一求，男從左起女從右。一針人中鬼宮停，左邊下針右出針。第二手大指甲下，鬼信為名刺三分。三針足大趾甲下，名曰鬼壘入二分。四針掌後大陵穴，入寸五分為鬼心。五針申脈名鬼路，火針三下七鋥鋥。第六卻尋大椎上，入髮一寸名鬼枕。七刺耳垂下五分，名曰鬼床針要溫。八針承漿名鬼市，從左出右君須記。九針間使鬼路上，十針上星名鬼堂。十一陰下縫三壯，女玉門頭為鬼藏。十二曲池名鬼臣，火針仍要七鋥鋥。十三舌頭當舌中，此穴須名是鬼封。手足兩邊相對刺，若逢孤穴只單通。此是先師真妙訣，狂猖惡鬼走無蹤。」）

這十三個鬼穴中有六個在頭部，即是人中、風府、頰車、承漿、上星、舌下中縫。傳統中醫對於靈性的干擾，直接承認鬼神的存在。記載嚴重精神混亂鬼語鬼哭的病徵。除了真正身體的針灸以及用藥之外，也有屬靈的治療方法，中醫科別除了傷骨科、婦兒科等等，還有很特別的「祝由科」，字面意思即是，為了疾病的特殊原由，祝禱請求上天神明的幫助。藉由更大更高的正向力量介入，調和心靈身體的平衡。

希望第三眼的直覺準確度增加，首先必須有平和的身心靈。靈氣的合掌靜心、靈示的反覆練習，可以幫助第三眼輪快速進入光的祝福，在安全的保護中增長智慧。代表深層潛意識覺醒的藍綠色或淺藍綠色可以清洗脈輪花瓣上的汙垢，當身心智慧更上一層樓時，直覺的訊息接收也會更清晰。

第七輪

又稱頂輪，在額頭正中央髮際交會處，連接天，與宇宙天體相通，前額內有大腦前額葉，是理性平衡的思維區。整個頭頂匯聚全身十四條經脈，這裡不平衡時，輕則經常無法控制情緒，從脈輪能量到深入到腦部器質性病變時，會發生腦腫瘤或腦萎縮，或其他精神錯亂的病症。

印地安人的認知中，人體有九個脈輪，除了靈氣指出的七個脈輪外，他們多了天輪與地輪，天輪在距離頭頂的更高處，與祖靈、日月星晨相通。地輪在兩腳下，與大地媽媽連結。每一位健康的人，都應該有兩對父母親，一對是生養我們的父母，另一對是大地媽媽以及聖山爸爸，日月星辰是人們的兄弟們。

黑瞳裡的銀河

四十五歲的永沛單身，經營兩家連鎖精品店，喜歡各種神祕能量的課程。常常在跑歐洲取貨時，也順便去英國上花精（flower essence）幾天或一周的短期訓練課程，在遇到困境或心情十分低潮的時候，永沛最常用到的是可以立即平息情緒的急救花精（註：花精是把各種花的精華萃取出來之後，放入13%酒精濃度的白蘭地中保存。最著名的是英國的巴哈花精，其中急救花精是複方花精，可以平穩忽然來襲的忽高忽低的情緒。），也喜歡熱心地用在親友們身上。

在一次聚會中，永沛聽到朋友們談論薩滿（Shamanism）療法死亡儀式體驗營。這些字眼立刻吸引她的高度興趣，當場朋友幫她上網查詢，卻發現參加辦法有一定的條件限制，必須完成靈氣二階以上，或是目前正從事身心靈整合的另類療法工作者。永沛止不住內心的渴望，將英國花精短期訓練的幾張結業證書照相上傳，並且在報名表格中填上花精治療師的頭銜，隔一天就接獲報名資格通過，獲准參加的通知。

行前三天，永沛接到主辦單位通知，要求每一位參加者必須先假設生命只剩下三天，並寫下遺囑。永沛的生活充滿立即性的忙碌、生意經以及處理麻煩，沒有空餘的腦袋，現在就趁這個機會停下來仔細想，如果我剩下三天的生命，我最想做什麼？我最放心不下哪些人？還有沒有最遺憾或未完成的願望？在命終那一刻，我希望哪些人在身邊，好把該說的話都說完？遺囑的內容活脫脫就是人生的縮影。

體驗營第一天，課程首先解說死亡儀式在印地安人文化中的意義。疾病、老年、死亡和大自然的秋天落葉、冬天下雪一樣，該來的時候就會來。因此死亡的談論不必是祕密或忌諱。當病人命將終止之時，家人會請巫師在一旁共同守護，先讓病人說出遺願以及內心最深的遺憾，找來最想見到的人，叮囑最放心不下的未安排，病人因此可以真正舒放原本的心頭塊壘。在斷氣的瞬間，巫師就從下往上逐一解開所有的脈輪，與大地連結的腳底輪，生存力量所在的海底輪、本我輪、胃部第三脈輪、心輪、喉輪、頂輪，最後是天輪。九大脈輪務必解索得乾淨，靈魂才能回到最美的靈界。只要還存在著任何遺憾，脈輪繩索還有一絲連結，殘餘的念頭就會被牽絆在這個世界，逝者的靈魂只好在人間遊蕩，不但靈魂無法安息，還會影響家人們的身心情緒和健康。

當印地安人遇到困擾很久都沒辦法妥善處理的事件，或是認為自己正捲入無法擺脫的厄運糾纏時，也會請求巫師幫他們舉行一次重生的死亡儀式。請求者躺在席子上，模仿臨終病床的情景，陪同的家人朋友則扮演請求者心中最苦惱的人物事件，或是最在意的仇敵或關係人，請求者可以先對這些人說出心中隱藏許久的抱歉，或沒有機會向對方表達的感謝。透過儀式，請求者可以釋懷許多糾結，也有機會在心靈層面與仇敵和解。當巫師從腳底、海底輪一一解開脈輪時，由於請求者是活人，必須將所有的脈輪花朵合併至頂輪，留下最後的天輪絲線，只把靈魂像風箏一般放出去一分鐘，就趕緊收回來。在一分鐘夢境般的靈魂飛翔中，靈性能重新進入光亮的大能量中補充力量洗去汙垢，改變厄運思維，那麼請求者的未來將如同阻滯的河流得到疏通整治，命運中煩憂之事也將獲得新的解決。

每一位參加營隊的人所繳交的遺囑，在躺著作為體驗者時由巫師逐句唸出，遺囑中相關的人事物，就由其他的參加者扮演。在脈輪逐一解開的同時，體驗者逐漸感到身體完全的放鬆想睡，解到第三眼輪時眼睛就張不開了，巫師低聲念咒，手一揮，放出靈魂。體驗者就如同熟睡一般，一分鐘後回收脈輪的手勢才落下，體驗者的眼睛也會同時張開，幾乎每一位的體驗過程感受都很像。

永沛剛好是最後一位體驗者，巫師看過她的遺囑後，安排四位參加者分別扮演她的大哥、大哥的兒子、弟弟、弟媳，角色定位後，進入角色扮演的四位參與者要在完全不了解永沛家族事件的情況下，暫時忘卻原本的自我，放鬆且專注在當下與永沛對話互動。

四位親人圍繞在臨終的永沛左右，巫師念完遺囑，永沛嘆了一口氣對大哥說：「爸媽要我幫你還所有的債務，我沒有全部承擔，因為我還想幫弟弟留一份生活費。你一直怪我占據爸媽所有的遺產，害你沒辦法重新投資翻身，但是，爸媽把所有的財產放到我的名下絕對有他們的想法。雖然很對不起你，但是我這麼處理也可面對過世的爸媽了！」扮演者如同連結了永沛大哥的能量，問說：「既然你的確對不起我，為什麼你的遺囑仍然把大部分資產都放到弟媳名下？我跟弟弟才是你的親手足啊！」永沛閉上眼很疲倦地說：「到這時候了，你還是想發財吧?!我怎麼不了解你？錢到了你手裡，就像水一樣抓不住流走了。你還有兒子，弟弟有兩個女兒，我的財產分成大小兩份，放在你兒子和弟媳名下，你們後半輩子才能保無憂。」永沛說完拭去眼淚，深深沉入悲傷中。

巫師進入解脈輪的順序，永沛的呼吸從短促起伏，到逐漸長而沉，解到心輪時看起來她熟睡了，順利解到頂輪，放出靈魂，一分鐘，拉回脈輪絲線。但是永沛並沒有期待中的張開眼睛。巫師口中急切以印地安語低聲呼喚，再一次拉回的動作，永沛仍然熟睡沒動靜，氣息越來越慢。巫師不得已轉向眾人疾呼：「請大家用靈氣或各種學習過，目前工作上經常使用的方法，一起呼喚永沛回來！剛剛四位扮演她的親人者，請各自用姊姊妹妹的稱謂要求她回來。」

巫師除了手勢動作之外，也對永沛的靈體反覆呼喚：「你的生命責任還沒有結束，趕快回來！」

三十幾分鐘過去了，巫師不斷將她的脈輪一一安置回去，空間中充滿眾人請求靈氣幫助的細碎祈禱詞，一個鐘頭後，永沛沉睡的鼻息漸漸變快，巫師動手拍她的臉頰又搖搖她的肩膀，她慢慢睜開眼睛，像過了幾百年，第一句話竟說不清楚。把她從床上扶起，又喝了一口熱水，巫師看她的心神穩定了，才輕聲問：「為什麼不想回來？」永沛無力地揉揉眼睛清清嗓子說：「好寬廣的銀河，對不起，那裡太美麗又太寧靜！我好想永遠在那裡休息。」

「那只是巫師祈求的體驗空間，如果你真的不回來，在我們的體驗結束後，空間會關閉，不但你自己無法停留在那片寧靜中，身體也會因為心神意識不完全結合而機能衰退，說不定真的引發臟器衰竭，由於你的自私，我們大家也會捲入和你家人的法律糾紛中。」巫師雖然聲調不變，口吻卻越來越嚴厲。

「我，對不起，我只是……」永沛結結巴巴，忽然掩面哽咽地說：「我真的太累了！這許多年，那些重擔壓得我喘不過氣來！」

山上的空氣稀薄。銀河在夜空中明亮無垠，每個人的遺囑都是一則深刻的人生。彷彿銀河漩渦的力量仍浣洗著她的心靈，她慢慢的說出心中所有的委屈。

父親十年前中風後即在母親的主導下，將三棟房子以及四大塊田產全部轉移到永沛名下，要求永沛將來即使結婚也只能用招贅的方式，生的孩子一定要屬自家的姓，繼承家產的人理所當然要負責祖先牌位的照顧與祭祀。永沛的男友無法認同，兩人只好分手，從此永沛就再也沒遇到合適的對象了。父母這麼做的原因很簡單，因為大哥欠下的賭債是無底洞，到處跑路怕人追債，不但婚姻離了，父母也替他還了一筆又一筆幾十萬幾百萬的錢，還不知道是不是忽然哪一天又出現了新的債務。眼看將來一定要敗光家產，索性決定不分家產給他。弟弟原本在銀行工作穩定、家庭也不錯，不知道為什麼貪心，聽說一條內線交易很能立刻賺好幾倍，夫妻倆積蓄的幾百萬全放進去不算，還融資，結果積蓄全丟了，還欠下融資的雙倍債務，父母很無奈，賣掉租人的百坪辦公室替弟弟還掉三分之二的錢，剩餘的欠債就任由弟弟每個月扣三分之一的薪水自己償還，這麼一來，弟弟家庭的生活費短缺許多，就靠永沛經常做生意補貼他們。三個孩子中，反倒是永沛經營的服飾精品店營業額穩定成長，除了固定的老主顧想要的名牌物件，有時永沛也兼做鑽錶，看人銷售。她的眼力好，看準了有消費力的新客，不論是舊客介紹來的還是自己逛進來的，不買沒關係，永沛總是盡量跟對方天南地北聊到熟。摸清楚他們的脾氣個性喜好，抓住客人的慾望胃口，從客人口袋掏到大筆的錢就容易了。中風的父親當時曾喟嘆：「真正豬不肥肥到狗！這個老二要是兒子該多好！」

父親過世後哥哥和弟弟已經知道家產沒有他們的份，雖然鬧過一陣子，因為母親還在，多少對永沛還忌憚三分，兩年後，母親心臟病發，忽然離世。大哥不惜發律師函要告永沛侵占遺產，還問弟弟要不要聯合起來對簿公堂。弟弟拒絕了大哥的要求。因為這幾年中，永沛經常三萬五萬的給生活費，遇到小孩開學繳學費或是換家具電器，永沛這個姊姊更是要多少給多少，弟媳拿錢時雖然有理所當然的表情，也還是謝謝的。哥哥不跟永沛來往，卻派兒子來要這個錢那個錢，永沛在盡量不動父母遺產的情況下，盡可能掏自己賺來所得供他們各種大筆生活開銷。

永沛扮演的不是妹妹或姊姊，根本是讓哥哥弟弟依靠的父母親。

「如果不是急救花精（註：為巴赫醫生親自完成的復方花精，由岩玫瑰、鐵線蓮、鳳仙、聖星百合、櫻桃李組成。），我早就撐不下去了，每次大筆錢一進來，他們就好像在我身上裝了監視器似的，只要我多賺一筆他們就會聞到錢的香味，爸媽還要我守著遺產以後留給他們的孫子。這些年到現在我根本沒有積蓄，現賺現花，到底這樣活著有什麼意義？」

永沛無法放過自己的最大糾結點，就是允諾父母照顧兄弟。所謂的繼承遺產，對永沛而言不過是「保管」而已。

在體驗營之後某一天夜裡，永沛在陽台仰望星空，深夜的寧靜沁涼很警醒她的理性，她做了一個重大的決定，發一則訊息給律師，將父母親的財產分成三份，一份交給大哥的兒子繼承，另一份給弟媳，讓他們得到自己該得的，把祖先牌位移到姪子家中，至於這幾年永沛供給他們的金錢，就算看在父母面上一筆勾銷。往後大家各過各的生活，她不想再沉重地負擔他人的命運，如此她自己的靈魂和命運才能重新啟程，走向她想要的人生。

人們在每一個位置上都有應盡的責任，處理責任的智慧尚未學習完成，生命就一定有持續下去的理由，就算逃避此生，下一次的學習課題也可能會更嚴厲。宇宙最大的慈悲即是，相同的課題將不斷重複，直到該學的都學會為止，所以肉體的結束並不代表真正的結束。智慧的成長才是所有生命的目的。

頂輪與更上方的天輪，與天相通，腳底、海底輪與地連結。從海底輪往上每一個脈輪的顏色可排列成紅橙黃綠藍靛紫，人體就像一株根植於大地的生命樹，彩虹七色隨著脈輪往天空伸展，生命樹的頂端永遠可以接收到純亮的白光或太陽的金白光。

脈輪智慧陳述出生後的身體小宇宙，雖然充滿了幸運與不幸，悲傷與歡樂，卻沒有哪個時刻不在大宇宙的保護中。

禮物——一分鐘的靜心

捷運上總可以看到各種表情。很多學生們除了臭汗之外，還有滿臉的青春痘，現代醫療系統認為那是正常的賀爾蒙表現，其實看起來長痘痘的學生們都有鼻子過敏的現象，因為鼻頭是紅的。眼眶四周是黑的，鼻樑中央兩旁隱隱出現暗青，大概除了熬夜睡眠不足之外，還有功課的緊張焦慮、交朋友的煩惱，以及隨時對現狀的不滿和憤怒。

年齡相同的橫切，將來自於不同家庭文化的人湊合在同一個空間中，一整天在格子般的教室裡面對相同的課程，心思感受卻參差各異，彷彿言語動作都濃縮到一個小方塊裡，微妙地搓揉著彼此的感受，契合的時候黏在一起，翻白眼的時候就有說不出的討厭。

但不論實際狀況如何演繹，在學校和同學們相處的時間早已經比和家人在一起的時間長過許多，早自習晚自習甚至補習班，回到家已經是晚上九點多，同儕之間一個眼神動作。都有可能爆發衝擊性，不論是共同的輕蔑或讚賞可以造成其中一個群組邊緣的人被排擠或嘲笑，這時只需要一點點導火事件就足以扭曲或放大每個人的感受。

學校像一個各種價值觀交織的天羅地網。

當孩子們上學的時候，作為上班族的父母親也在或大或小的工作群組中經歷各種突如其來的交錯。一天工作八小時以上，在團隊內部與外部的事件流動中，仔細的人和粗糙的人反應快與反應慢的，全都混合在一個巨大的事件攪拌機中，直到混水摸魚和凡事謹慎的迴異做法，像鹽巴砂糖充分和入肉裡，邊加熱邊攪拌出香氣的肉鬆一樣，在公司整體賺錢或賠錢之際，時刻消磨著同事之間的情份，在個人時間和對群體的貢獻上。永遠有或多或少的矛盾，在合作與衝突中沒有永遠的敵人和朋友，為了一份薪水咀嚼著說不出的愛恨情仇。同事中也有志同道合或臭氣相投的小黨派次團體，白天趁著中午吃飯或下午茶喝咖啡時聊是非，下班時仍帶著揮不去的辦公室情結各自回家面對晚餐。

於是父母親也深深陷入另一個羅網盒子裡，繼續發酵白天累積的煩悶。整天被客戶嗆完又讓老闆削一頓的爸爸，在餐桌上瞪著不斷滑手機傻笑的兒子，終於忍無可忍用力點敲桌子罵：「買手機的時候答應拿到的成績在哪裡?!上了高中就只知道混吃混喝，沒看見用功過！」兒子抬起埋在螢幕裡還茫然的雙眼，心不在焉地聳聳肩也沒在怕，直接脫口回嘴：「幹麼突然神經發作啊？昨天才期中考完！阿哉！」說完又順勢拿手機往國一的妹妹頭上敲下去，妹妹的麵吃一半，麵湯震盪一下，差點潑出湯匙，也氣了，啪的一聲放下筷子，憤怒地大叫一聲，反手抵向哥哥，兩人一來一往從餐桌打小架到客廳，哥哥塊頭大，妹妹始終打不過時就大哭，牛頭不對馬嘴歇斯底里亂喊些句子：「你們都很可惡，從來不陪我去上廁所！」顯然妹妹在學校經常被同學排擠了。

當祕書的媽媽正接一通老闆的緊急電話。連忙摀住妹妹哭扁的嘴，匆匆掛了電話，不由分說拉起滾在地上哭翻的妹妹教訓：「上廁所這種不重要的芝麻大小事，為什麼需要人陪?!這有什麼好吵的！」妹妹委屈地邊吸鼻子邊擦眼淚說：「學姊說我們那層樓廁所裡有吊死鬼！上完廁所洗手，不小心就會在鏡子裡看見吊死鬼從天花板上晃啊晃……」妹妹越講越小聲，哥哥趁機拉一把妹妹的馬尾頭髮，嘲笑說：「吊死鬼就是你啦！」好不容易停下哭聲的妹妹哇啦一聲，又開始放聲大哭！

媽媽看著兩個小孩無止境的吵鬧，沒奈何拿起皮包對著爸爸說：「我沒時間了，還要回公司加班，管管你的兒子女兒吧！」已經離開餐桌的爸爸冷漠地看了一眼桌上凌亂的餐盒免洗碗筷，臉很臭的忽然把電視音量加大，蓋過所有的打鬧聲，這下換急著出門的媽媽鐵青著臉套上高跟鞋，更大聲砰的反手關門出去，兄妹瞬間停止打架嘶吼，手腳凍結了似地，整個起居室迴盪著電視新聞播報著颱風消息。

手足之間的最佳狀態是謙讓，夫妻之間的最佳狀態是相敬如賓，親子之間的最佳狀態是慈祥與孝順，這些文化價值規範，幾千年來就是針對最容易摩擦的家庭生活制定成俗的。所以反過來說，大多數家庭中，家人之間充滿自尊心上的互別苗頭、不理解、看不順眼、矛盾和互不退讓。每一個人毫無例外的，從生命最初經歷的親人相互擠壓中逐漸成長，又總脫離不了追逐父母長輩或手足的重視和安撫，如果得不到家人的支持，許多情緒就會開始發酵蔓延到家庭以外的人生。當人們熱烈地表達意見時，常常被自己最重視的家人一句話澆熄。想對父母做出一番貢獻，卻因為話說太直接難聽而被拒絕討厭。人們慣常用自己的理解角度拉扯他人，直到主觀做法與他人完全無法溝通為止。結果，只要成為一家人，就很難相互欣賞認同，甚至小小的家庭中也有嚴重的利益衝突。

儘管如此，家人的讚美，永遠是每個人內心深處無法拒絕的誘惑，可說簡直是基本的渴望。在家中無法得到的認同，必定要往外尋求。於是青少年常常要揪一群朋友才有安全感，甚至從異性索取不成熟的愛情溫暖作為依靠。

家庭關係成為走向未來世界的最初根柢，逐漸形成僵硬的邏輯思維與行為模式。永遠希望得到父母認同的人，會把主管或老闆當作隱性的父母親，埋頭忠誠地工作，同時又抱怨得不到合理的讚賞獎勵。在手足之間習慣比較的人，絕不放棄任何競爭的機會，即使和原本情同兄弟的好友翻臉，也在所不惜，一定要爭取最大的舞台光束，踩著他人往上爬。婆媳不和以及丈母娘女婿關係矛盾，直接影響到配偶相互的敵視程度，埋下日後幼稚懦弱的一方把手伸向牆外摘桃花的種因。

脈輪猶如花朵一般，在人體的前後中線張開，第三脈輪位於胃部中央以及相對背部脊椎上，是太陽神經叢所在，密切關係著橫膈以下肚臍以上的肝膽脾胃。經常在人際關係上受到挫折或焦慮不安的人，可能會有胃痛脹悶或肝膽抑鬱口苦的宿疾。

但是誰有可能做到心境平和完全不受他人干擾呢？在深山古寺中修行的僧人？在寧靜無爭的修院裡終日禱告的隱士修女？大部分的人都無法做到，因為擾攘的世界中必須與人群摩肩擦踵。時刻不能掉以輕心地過日子。

允許給予自己片刻的情緒休假吧！

為了重拾沁涼與放鬆。即使片刻的長度只有一分鐘也好。閉上眼睛，隨著呼吸進入冥想的世界，純淨的白光來自星空深處，溫柔地從頭頂下漩，銀河從中心渦流旋轉的光臂緩緩滑過脊椎浸透全身，沒有什麼比這絢爛的力量更廣闊無邊際，只需要再多一分鐘，那宇宙深處的自在透明，就隨著深深的吸氣流入小腹，染白每一個細胞隱而不現的負面記憶，在緩緩地吐氣中悠悠忽忽乘著光的流動而代謝、消失。

允許呼吸和光啟動靈氣的銀河，暫時放鬆了太陽神經叢的焦慮與不安，第三脈輪於是得到喘息的機會，與這個脈輪情緒同步的大腦就能有一分鐘的清空。

一個工廠中堆滿了各式漂亮的沙發椅，如果沒有時間選擇判斷，全數購買了堆進自己的客廳，應該連走動都不可能了。更何況坐下來好好地休息呢？每一個想法都是一套沙發椅，要從中挑選出最合適的一套，那就必須先清空混亂的意念擺置出明亮的內在。外來的噪音雖是分貝仍然高亢，在這洞燭中，那渴望被讚賞看見的敏感神經，已經能夠隨時停止不自主的纖纖顫動了。

那麼寧靜安穩中，最大的禮物將直接浮現，一把通往光燦決定的金鑰匙已然在手上，那就是對人事物處理的真正的洞見。送給自己一點深呼吸的時間，作為混沌辛苦生活中的最佳禮物，千萬別吝嗇！

我的星球

星球的運行規律在於自轉和繞著恆星公轉時，分毫不差，絕不紊亂。日日夜夜。

美玉是勤儉的客家人，手藝極好，嫁入夫家後，整個家族全靠她打理家務、煮飯燒菜，每年端午絕不買外面包的粽子，肉粽素粽鹼粽，家中十幾口人已經習慣她的好口味。

別看只是小小的鹼粽，要抽取鹼汁必須在節前早早記得用龍眼木燒灰反覆淋汁取鹼水之後，再加入包括桑椹花在內的幾種野花果，全放入大瓦罐中大火煮沸幾沸，待涼時用棉布瀝出汁，原本的龍眼木灰汁已成了些微橙黃色。取一些拌入洗好的糯米中，包出來的鹼粽別有一番風味。

民間流傳喪家的鹼粽是做不起來的，即使勉強炊熟了也會凝結不成，散成一攤黃水，因為哀傷悲戚會讓灶神也暫時遠走避見。做鹼粽的婦女除了品行端正之外，最好能有美麗的心情，想著家人愛吃讚美的樣子，做成的鹼粽才能晶亮渾潤歡喜甘願。

美玉的表妹小溪是我的好友。每年當她分到一串客家粽時，總想到帶兩顆來分享。剝下綠粽葉，內裡是客家粽特有的灰亮嫩彈。我們邊嘗邊讚嘆，這個時代天然的鹼粽多麼稀有，香氣在空氣中繞著，彷彿美玉也感受著我們的喜悅。

如此經過多年，小溪忽然說美玉得了憂鬱症，再也做不出鹼粽了。與其失望驚訝，不如說是難過，我心中遺憾著是否有助她解憂的方法。於是在一個下午，小溪帶著美玉上台北，我們約在一個複合咖啡館。

坐在大沙發裡的美玉雙手相互搓著，顯得侷促不安，她低下眼瞼，似乎不習慣和陌生人四目相對，她的眼眶四周因為睡眠不足而嚴重的黑眼圈，我慢慢把眼神從她身上轉開，拿起杯水輕輕喝一口說：「這家咖啡店的蛋糕雖然好吃，但我還是想念你的鹼粽，這麼多年來真是謝謝你！」才稍微抬起頭，就看到晶亮的眼淚從美玉憔悴的臉頰流下，她微弱地說：「我有這麼重要嗎？第一次有人願意說，這麼多年來謝謝！」好像無始無終的辛苦，終於經由一個外人的嘴證實了。

午後的陽光落在她的半面臉龐，小巧的鼻子和疲倦青黑的眼窩，眼角的皺紋和整齊往後抿起的頭髮，都在強烈的光影中交錯矛盾似地，她放下搓動的手指頭，慢慢靠到椅背上說出自己的故事。

79 —— 78

美玉的先生是外商公司總字輩人物，派駐在上海。當年她高商畢業應徵進一家公司當會計，先生才從美國留學回台，意氣風發，成為業務部小主管。比她大十歲的先生開始追她，每天早上去接她上班，晚上陪她加班又送她回家，跟著她進家門見父母，他斯文有禮，公司裡每個女孩都羨慕美玉。才兩個多月，甜甜蜜蜜地結婚了，婚後生了兩個兒子。人生至此，可說完美無缺。

她的先生不但是家中長子，而且是唯一的兒子，公公婆婆理所當然和他們住在一起，美玉的先生雖然不必把薪水袋交給父母，這個家卻是三個已經結婚的妹妹們帶著夫婿孩子天天回家吃飯的地方，只有兩次懷胎的十個月，公婆出錢請傭人來做飯燒菜打理家，美玉讓人服侍得像個皇后。坐完月子後，就必須開始包辦所有人的需要，公婆只要臉色難看一點，她就要想辦法知道他們為什麼心情不好，而她又可以為他們做什麼。先生只要壓力大一些，工作回家口氣大聲點，說話難聽些，她就要整夜小心說話，忐忑不成眠。小姑們各自家庭中來不及採買生活用品以及跑銀行、戶政事務所等等雜事，都應該由閒著沒工作的大嫂處理，兩個小孩除了餵奶的時間以外，都由公婆親自帶著玩耍、讀書，所以對兒子們而言，斷奶以後媽媽是最不重要的。從公婆到小姑們，全認為這個學歷不高的女孩是高攀了他們家。家族裡所有的人都比她高尚，他們的地位和利益也應該永遠在她的前端。所以美玉的口頭禪經常是：「我沒關係，你們好就好了！」

這樣過了二十幾年，前一年老大出國念書了，今年老二也申請到很好的國外研究所，出國那天整個家族出動歡送到機場，美玉這個母親永遠走在祖父母和父親之後，毫無聲息地坐在看守每個人背包雜物的位置，全家人熱烈地討論著何時該安排去探望兩個金孫。美玉雖然沒資格說話，但是眼神心思習慣性緊繃，她必須隨時專注在每個人的需求上，誰面前的茶水乾了，餅乾食物沒了，她都得負責遞送張羅。

這時她看到老公忽然站起身，往機場遠處角落看了看，是要去上廁所的樣子，美玉眼角餘光掃到老公的手機放在桌上，她反射動作拿起來，以免掉了，這時總是鎖著密碼的手機閃出幾條稱謂親密的訊息通知，她呆住了。婆婆發現她掩藏不住的惶恐，拿過手機看了看，輕描淡寫打發著說：「哎呀，這沒什麼，你的世面見得少，男人嘛，在外頭做生意，難免風塵女郎來說說話，親愛的什麼亂說一通也是有的。」

美玉的手發抖著，聲音同樣危顫顫，終於忍不住，膽敢頂嘴地說：「媽，這女的名字我知道，是他的業務專員。」婆婆一挑眉，把嘴壓成一條線不再說話，一旁離了婚的小姑把手機拿過去仔細讀之後，添油加醋說了一小句：「喔，能進他們公司當專員，起碼留學過，英語能力很不錯吧！」這刀子般的話才從美玉面上劃過。手機的主人上廁所回來了。美玉整個臉憤怒得發燙，但是腦袋卻空了，連一個字也講不出。

從這時起，她不知道為什麼總是發傻，除了每天像個定時器一樣，時間到了該做的她還是做，隨著白天黑夜的消逝，她越來越對他人的言語沒有太多知覺。做菜雖不至於忘了放鹽，糖的分量也精準，但是誰愛吃什麼，誰會回家吃飯，這餐一共有多少人，她就經常張冠李戴計算錯誤，厲害的婆婆開始責罵她是故意的，小姑有時也在一旁酸幾句，這時她只是張大眼睛瞪著婆婆的臉，一句話也沒聽進去，行屍走肉般把碗洗好就回房間，忘了開燈一直坐到晚上，忘性越來越嚴重之後，連碗盤也忘了洗，晚餐也做不出來了。

有一天，公公請來一位道士在家中布置起小神壇，在陽台燒完金紙又回客廳點香作法灑淨，美玉被拉出房門，跪在臨時神壇前，道士繞著她腳踏罡步。

口中念念有詞，燒了一張符咒在杯水裡，直接從美玉頭頂淋下，再燒另一張要她喝掉。美玉跪了整整兩個小時，最後道士對公婆說：「她是驚嚇過度，三魂少了一魂，七魄走了兩魄，現在都回來了。」講完又回過頭對美玉說：「你要知道這是業障，該還的債就要還，怨恨是沒有用的。有吃有穿有用的，先生也很負責任每個月把錢交給你，你還有什麼不滿意的。人要懂得知足感恩，若遇到的不是這樣寬厚的好人家，你的命運還會更糟！」

這些言語就像遠山上的雷，只是轟隆轟隆作響，她的魂魄早已在手機訊息閃動時粉碎了。她從地上爬起，因為跪太久，只能一跛一跛蹣跚地走回房間。坐在老公的大書桌前往床的方向看過去，床頭上掛著大幅甜蜜的結婚照，符水從髮間流下沾濕衣襟，不知過了多久，她聽到小姑進家門又關門，她知道應該趕緊起身去做菜做飯，廚房才是她每天應該貢獻這個家的位置，但是兩腳好像打結似地動不了，果然小姑竟大聲問婆婆：「怎麼又沒做飯啊！要鬧到什麼時候？媽你乾脆跟哥拿錢請菲傭算了，誰受得了這樣耍脾氣啊！」婆婆還沒說話，公公已經壓低聲調說：「今天算了，讓她休息吧！總歸幫我們生了兩個寶貝金孫，能怎麼辦？一起出去吃飯吧！」

美玉僵著疲倦的身體，偏偏耳朵什麼細微的聲響也聽得一清二楚，婆婆穿鞋子拿皮包的瑣碎，這些平日是美玉的工作，她有股衝動想去幫忙，沒有她的遞送婆婆穿戴也流暢得很，原來沒有她是無所謂的。婆婆拉開大門時嘴裡還碎念著：「當年那個一起留美的莊小姐多好，漂亮又聰明懂事，門當戶對，兩個人哪裡不對勁吹了，娶這個學歷差家境又不好的。唉，什麼冤孽……」

房間裡沒有梳妝台，她的保養品都只能收在廁所的櫃子裡，她的耳環鐲子黃金手飾，都鎖在先生的書桌抽屜內，底下壓著結婚證書。深夜裡，她把抽屜打開，一一檢視珠寶，翠玉鑲白金耳環，結婚時母親給的唯一一件。給的時候正是這種深夜，靜悄悄的，沒讓父親、大哥和弟弟妹妹知道。看著母親眼眶鼻子都紅了，美玉差點忍不住說出執意這麼快這麼早結婚的理由。母親握了握她的手說：「女兒總是潑出去的水，早晚是別人的，嫁得好就好。別像我……」母親在家中本來就是個沒有聲音的人，平日話就少。說完這句，撫撫她的面頰走出房間去。夜燈昏朦，母親的背影瘦小又無奈。美玉硬生生把哽在喉頭的話吞進肚子，這一吞就過了幾十年，父母親已經離世許久。

「就算爸媽還在，我也早已沒有娘家，我是從爸爸手裡逃走的。」美玉幽幽地說出驚人的祕密。如願結婚的代價是走入看起來順遂的未來。

進公司上班滿一個月的發薪日，美玉滿心歡喜地拿著薪水袋急急搭計程車回家，進門才發現父母親出門採買，龍鳳胎弟弟妹妹還在讀高中，這時應該在學校晚自習準備考試，家中空盪盪，滿滿溢出的喜悅也只好暫時先收著，她輕掩房間門趴在臥鋪裡，居然累得睡著了。不知多久，她在迷濛中被門外的說話聲吵醒，是父母親回來了。剛睡醒的身體懶懶的，她不想立刻起來幫忙做晚餐，一個呵欠翻身又埋入被子裡，不料父親的話卻字字清楚地鑽進房裡：「我絕對不會讓美玉這年紀就嫁人。」美玉聽著一陣窩心，伸個懶腰準備翻下床。心想，雖然平常爸爸很少稱讚她，畢竟是疼她的，她撐起身體摺好被子，接著聽到媽說：「那個男的雖然大美玉十歲，看起來挺能幹負責的，從國外回來應該也能賺不少錢，美玉挑的人不錯。」爸爸嘖嘖兩聲說：「婦道人真是不懂，美玉要是嫁了，她老公多會賺錢都和我們沒關係，我們白白把女兒養大，她賺的錢都還沒拿多少，就這樣送人嗎？阿鑫念醫學院要七年，眼看小的兩個也要考大學了，我還等美玉多賺幾年的錢，至少大大小小學費生活費多湊齊些，養個女兒這樣才夠本啊！」

母親沒作聲，美玉已是脊背都抽涼了，不止心寒，天也崩塌了，她今年明明考上二技，也是父親一句話，女孩兒讀那麼多書幹什麼？不如早早出社會賺錢。美玉就這樣放棄讀書去工作，她太不甘心了，憑什麼她應該挑起賺錢養家的擔子?!

「是我背叛爸爸，現在是爸爸懲罰我吧！那道士說是我的業障。」美玉看著窗外逐漸沒入黑暗的夕陽，瘦削的臉頰咬咬下唇，用力地說：「背叛爸爸得來的老公和家人都是假的，現在我什麼都沒有了。」

「你還有兒子啊！」小溪很快抱住美玉的肩膀說。美玉的眼淚大顆大顆滴下，她低聲喊著：「他們不是我兒子，他們都是一夥的！我恨他！我恨他們所有的人！」

如何不生氣、不擔憂已經不在她的理智中，她的靈魂根本滯留在二十幾年前那個黝暗的臥房裡，被名為卑微的巨大負能量拉進無底的漩渦中，漩渦吃掉了親子曾經有過的愛，繼而蠶食她踏入婚姻後的人生，這裡面有個奇特的邏輯，只要她一想善待自己，就更加重了背叛父母的罪孽。

她的星球早已喪失自轉的地軸，在婚姻中逐漸失去原本開心活潑的自我。

在這個罪孽的印記中，美玉與先生的相處也變得越來越奇怪。

我忽然在美玉的心靈中看見幾個影像。

「其實你先生本來就是個不甘寂寞的人，是嗎？在你懷第二胎時，你應該就知道了吧？他是不是一直換女朋友，沒有固定的外遇對象？」我小心翼翼地說出直覺，也試圖以此稍微安慰美玉。如果先生外遇的對象並不固定，通常家庭主婦會告訴自己，我在老公心中的地位並沒有動搖。背叛感在名次第一中並不成立了。

「你說對了一半。」美玉從陰影中慢慢擦擦眼淚，回答：「我懷孕的時候聽人說男人會忍不住，所以是我親自挑選不錯的應召女郎給他，花錢去發洩。那倒是沒關係，後來陸陸續續從他的電話簿、停車場發票，隱隱約約知道他總有幾個紅粉知己，問他時他也矢口否認。」

「所以你早就懷疑他有外遇？你是怎麼撐到現在？」小溪驚訝地問。

「那算不算外遇？我也不清楚。前兩年我去上海幫他打掃的公寓宿舍，在廁所看到女人的長髮絲，他辯稱說那是打掃阿姨不小心掉的。後來又在櫃子裡找到女用內褲，當場他說打掃阿姨有個女兒，應該是幫她女兒買的，忘了帶回去。現在回想那根本就是他們的骯髒窩！」美玉捏緊了拳頭，指甲深深陷入肉中。婚姻忠誠的永恆價值被徹底摧毀時，美玉公轉的軌道也消失了。

「可是你那時候相信他說的話嗎？」小溪不可置信地問。

「他賺錢很辛苦，錢也每個月按時匯入我的戶頭。只要我沒看到，我就選擇相信他。可是這次，」她的聲音又開始顫抖，「我真的沒想到是真的！」

她的靈魂躺在自卑的泥沼中，連撐起下顎找尋星光的勇氣也沒有，原來，她一直閉著眼睛生活。張開眼睛看到事實就有可能直接掉入可怕的深谷，粉身碎骨的恐懼，讓她寧願閉著眼睛心慌，也不願意面對婚姻的陰暗面。但是現在不得不面對的事實勾起她多年來所有的積怨。

她將僅存的一點生命力全放入恨意中。美玉從牙縫中小聲迸出一句話，我沒有聽清楚，於是接著她的語音問：「你說恨死他們，要如何？」小溪忽然驚呼出聲：「表姊，你不能這麼做，原來你床上擺著長布條……啊！如果我今天沒把你拉出門……」小溪掩嘴倒抽一口氣。原來她什麼都準備好了，泥沼裡最多的就是怨恨，只需要一點星火就能引爆那大量的天然瓦斯。

「對，我一定要毀了他們所有的人！我要用最難看的死法報復他們，成為厲鬼向他們每個人索命，我要讓他們住不了這個家，良心時刻不得安寧！」美玉終於說出想了好幾天，心中最狠毒的計畫。

在生活天翻地覆後的大震盪中受傷的人，能否有一種心靈的洗滌方法，讓她進入一個緩和情緒的坡道，也許不必立刻能夠找回內在，卻可以給她一個撥開怨恨的機會，穿越荊棘看到一條能夠行走的道路。

「人死後到底有沒有知覺，連科學也無法印證，但是只要你活得好，總有一天你會看到你公婆的老病死，生病一定是痛苦的，要不要給自己一個大機會？」美玉瞇起眼睛往水杯裡看，夕陽的光折射在杯水中卻晃盪出七彩，她的表情慢慢變得複雜，空氣中凝結著義式咖啡機沖泡的嘶嘶聲。

「表姊，我們一起學吧！辛苦這麼久，上天總應該開一扇窗給人喘息，要不要試試靈氣？」小溪鼓動地說。過了大約五分鐘，美玉終於開口，似乎是鼓起勇氣地問：「靈氣是什麼？我這麼笨，能夠學得會嗎？」

光的智慧可以轉化自卑的頑垢、內疚自我批判的蟑螂窩。

自我批判與喪失自信是一體兩面，一文不值的我理所當然無法感激一切，像一條無形的繩索從腳束縛到脖子，雖然沒有人喜歡動彈不得的人生，卻都不知不覺落入繩索圈套中，無端過著自己不想要的生活。那麼，在靈氣的深呼吸中，試著尋找解套的光吧！

在每日合掌靜心中深呼吸，放鬆焦慮的前額，想像靈氣的光芒從頭頂進入後頸、脊椎，貫穿到腳跟，光所經過之處，每一個細胞內的負能量雜質都溶解了，再多給自己一分鐘的放鬆。對著鏡子觀看真實的我，誠實地問，「我能夠」如何改善目前的處境？「我值得」他人如何對待？

「我能夠」以及「我值得」，就是生存的中心價值。

「我能夠」是多年來能力的累積。是自我認知。「我值得」是對自己的肯定。千辛萬苦想得到他人的認同，必須先有自我肯定。從中心價值的追索起始，一路上將出現另一個自我肯定的相關問題：對他人而言「我能夠」貢獻什麼？

這些「他人」，應該就是「我」最在意的人。通常這些人是父母親、伴侶以及子女，或是從這個範圍衍伸出去的家族成員。想一想，全世界那麼多人，為什麼我就只在意這麼幾個人，非得到他們的肯定和讚美不可？

從完美的人倫價值觀點看，家庭應該是愛與信任的避風港。但真實世界中，家庭常常是利益相互衝突最嚴重的地方。大男人的生活中必須要有小女人的配合，大女人的身旁總一定要有願意為老婆女友跪著綁鞋帶的男人，如果牽扯到生活費，情況會更複雜。所以要得到家人的認同，對許多人而言幾乎比登天還難。

要不要嘗試看看，「我能夠」將所在意的「他人」擴大範圍些？加入朋友們。再擴大些，加入同事們。再擴大些，加入廠商們或是客戶們？

如果「他人」的範圍像一口井這麼狹窄，那麼從井底可以仰望的天空，自然非常有限，而且極度苦悶。何不想辦法躍出那口井，找一個寬闊的擎天崗，躺在草地上看大海般的星浪？

由於「我能夠」，是的，所以「我值得」善待自己，於是「我能夠」善待他人。

就在今日不生氣、不擔憂、感激一切、貢獻己力在分內的事情上、善待他人。在我的星球進入靈氣五守則軌道中運行不輟時，最深刻的推動力竟是挖掘最根源的內在價值，調整自轉的地軸，就可成就無比精采的人生樣貌。

靈氣就是人生價值的根本探索。

「其實我只需要讓他們沒面子。」美玉在靈氣的學習中忽然得到啟發似地，對小溪說：「我想出去找工作，做會計是不可能了，四十幾歲沒有人要用。但是做吃的，我在行，」說到這裡美玉又開始猶豫：「只是那麼久沒上班，不知道人家肯不肯用我。」

「我記得十幾年前，你曾經做肉粽寄賣菜市場阿玲菜攤，每次都銷售一空，到現在阿玲一提到還覺得遺憾，那麼好賣，可惜才賣不到一個月。」小溪邊回憶邊說時，美玉臉上泛出一抹笑容，接話說：「阿玲都沒再跟我提，是我對不起她，忽然就不做了。」

因為小姑的朋友從菜市場買到美玉做的肉粽，某一天先生的一個嬸婆又看到美玉提著大袋子交貨，事情就傳遍整個家族。當晚餐桌上，婆婆對美玉老公厲聲說：「看來是我教育失敗，沒把你教好，做個男人該好好賺錢養家，努力上進，公司裡也升主任了，怎麼你還需要老婆去菜場賣肉粽賺補家用？小孩學費貴也是我們老的在付，你們住家裡吃家裡，車子也幫你買了，沒房貸車貸的，有窮到這樣丟人現眼嗎？」

那晚一慣打架吵鬧的兩個孩子靜悄悄乖得很，老公鐵灰著臉，不吭一聲地洗完澡悶頭就睡，美玉整夜失眠，決定第二天一早去告訴阿玲，不賣了，多的肉粽就送她家人吃，當作失約的歉意。從小夢想著做生意賺大錢的美玉，到這裡徹底畫上個大句點。

人生的發展與夢想，在娘家沒有開花過，嫁入婆家也從沒有結果的機會。沒想到轉折點居然是背叛與傷痛。從背叛裡找回自我，從傷痛中整理出活下去的中心價值。她的地軸南北極不再搖晃。

兩個月後，她找到食品公司的工作，因為連假日都不想整天在家，就在周六日兼差包台鐵便當盒，由於工作態度非常認真，每一個公司都希望她成為正式的員工，每一位主管都願意為她爭取更大的福利。薪水雖然都很低，但是不論她的老公如何軟硬兼施，她的婆婆小姑如何冷嘲熱諷，她堅持著，因為貢獻力量在工作上所得到的成就感與讚美，讓美玉感到前所未有的獨立與快樂自在。在職場他人的掌聲中，她找回應得的尊嚴，年輕的同事們喜歡和她聊天說心中的困擾，就因為她像個好媽媽姊姊，現在美玉從憂鬱症患者成為傾聽者了。

第二年端午，她在自己的小公寓裡為喜歡的朋友們做客家紅豆鹼粽，開心地看著朋友們的笑容，這些「他人」不再只是永遠覺得她高攀的家族成員。拿掉了「一文不值」這個枷鎖，她可以海闊天空地善待自己，終於也可以熱情地善待他人。偶爾回婆家，對於小姑出口不遜，她能夠一笑置之，即使公婆有意無意總是嫌她學歷低，賺的薪水還不是個菲傭的錢而已，還敢搬出去住。在心情好時她會說：「謝謝爸媽給我這個機會進你們家門。」心情沒那麼好時，就放下探望伴手禮離開，幾個月下來，公婆小姑也不敢說什麼了。

至於她的老公，她在一次下午茶中，優雅地拿起杯子喝一口說：「他呀，目前還在留校察看中。提這個只會擾亂我們的好氣氛，來，我們說些別的開心事吧！」煥然一新的美玉，自信彷彿與生俱來，畏畏縮縮的樣子完全消失無蹤。現在已經是個能幹精明的食品業門市小主管了。

人生最大的轉捩往往出現在最不可思議的契機中，壞事發生的同時，也是覺醒悄悄撥好鬧鐘的時刻。感激一切對我惡劣的人，因為他們，我才能跳脫狹窄，原來美好的未來只在人們心念轉換之間。

最厲害——覺知幼稚的內在小孩

站在舞台上，想像一束燈光打在明亮的臉上，大聲地頤指氣使，並且配合各種意見的發表，贏得無數雙眼睛的關注以及掌聲。恐怕這是許多人從小的夢想，也是希望孩子一定要優秀的父母親們所想望的未來，甚至內化為人生終極的價值觀。

永遠期待他人高度關注和掌聲的價值觀。直接翻譯成白話就是：「我要很厲害！」

這句話在不同的人格心態中，會衍出至少三種歧異。經常做不到很厲害的人，在面對比較時只能自卑，於是從毫無自信到逃避不願意負責任。或是第二種，雖然沒有自信，仍然努力爭取那份最厲害，卻不由自主地時刻環顧周圍，總是與他人競爭，於是他人的成果總是成為衡量自己是否很厲害的標準，因為標準永遠是浮動的，所以心情也時刻停處在絕對焦慮中。

第三種人格在最厲害的訓練中永遠充滿過度自信，不論何時何地，總要保持在最高姿態，要不就好為人師，要不總是高拍胸脯保證自己永遠是對的，說大話和做大事，絕不容許他人批評指教之外，也很難面對錯誤修正。

這三種人格隱匿在人們心靈最深處，直到事件發生，忽然就當眾失手打破杯子。

當眾失手是一件多麼難堪可恥的打擊，不但玻璃碎到無法收拾，灑潑的水也再收不回來，僅僅蝴蝶振動著翅膀的瞬間，事件後果已經不堪設想。在這被迫剝去面子的痛苦時刻，覺知內心深處的「很厲害」是否開始運作是非常重要的。面對事件處理，可能會有的兩種態度，第一種是反射性地維護「很厲害」，絕對不道歉或是承認錯誤。第二種是針對事件本身彌補錯誤以及漏洞。前者可以維護面子，後者可能會失去面子。這裡就端看個人選擇。當然還有第三種是整個逃避，不過這種處理就和很厲害脫鉤了。

「最厲害」這三個字會帶領所有的情緒走向對錯輸贏的堅持，相信自己所相信的，絕對不想理會最實際的真相，直到每個人都面紅耳赤，兩手插在胸前把頭撇過去，爭執的兩端從此無法開啟溝通協調的管道。或者，並不反省自己之外，還帶著起伏的情緒祝禱上天懲罰破壞自己「最厲害的地位」的那些「小人們」。咒詛這些「小人們」快快退散，上司回心轉意重用我，恢復我的權力地位與光環，不擇手段在所不惜。

在各種宗教力量的無形世界裡面，難道敬拜本身就可以達到「清除小人」

的目的？祝禱咒詛本身可以取代嚴謹的工作態度，上天會越過實際的職份直接分配物資給咒詛者嗎？這是令人疑惑的不合理。更高的正向能量只在意幼稚的人格是否能夠完成面對成長的課題，如果幫助這個老想要當最厲害的人剷除「小人」，重新得到讚許與地位，並不能讓幼稚的人格進入真正的光中成長，那麼祝禱的不純正動機不但難以實現，幼稚的人格容易因為欲求不滿而連結黑暗的力量。黑暗的心靈總能夠與黑暗的力量共振，而黑暗的力量如果又無法完成任務時，就會反噬回祝禱咒詛者本身。

從最厲害，演變成為黑暗的心靈，看來路途並不遙遠。

給我一炷香

喜恩在珠寶設計界已經有十幾年的工作經驗，雖然創意不足，卻一直是工作認真的好員工，她得到直屬主管相當的器重，經常將最重要的大客戶交給她打理，發外包設計師、計費、與客人反覆溝通設計款式，珠寶的成色如何判斷、珠寶參展前前後後所有計畫的參與等等，她不但訓練有素，遇到客戶對於設計出爾反爾或抱怨糾紛時，也能靈機應變。同組的另一位設計師雖然很有創意，卻因為太年輕，經驗遠不如她，幾年之間喜恩已成為公司裡不可或缺的重要小主管。

每逢公司有大客戶或是珠寶採購的大事件，喜恩矮矮胖胖的身形，整齊地穿著香奈兒的套裝，一定出現在幾間固定的宮廟拜拜。舉起一炷香往香爐插下的同時，手上三克拉的鑽戒閃閃發亮，這是名設計家GN因為交情所給的免費客製化設計。就像神明在陽光下所給的允諾，右手戴著Cartier古典風的名錶，左手是HarryWinston的頂級設計，這一炷香的虔誠，應該連神明也大嘆感動了！

香煙繚繞冉冉，這麼正式的裝扮，這可以讓她的心安定許多，拜拜之後，她那圓滿豐潤的臉頰上總不自覺地出現滿意的笑容，微風吹拂過她妹妹頭的瀏海，露出她那矮扁的額頭，這樣不聰明的額頭卻顯露著與上蒼連結的飢渴。因為這個物質世界充滿了各種擁有的誘惑，與失去的危險。她只希望到手的擁有絕不流失，在客戶交易上順利，讓公司採購珠寶的時候得到最低的進貨成本。

有時她也揪其他主管和下屬們一起去拜拜。總之她是公司裡最喜歡接近神明的人。矮胖、善良又有一頭不合適的大捲長髮，熱心又謹慎，柔柔細細的說話聲音，新進的業務經理舉慶開會時總是忍不住多看她幾眼。

舉慶是一個很有野心的男人，年紀和喜恩差不多，是大老闆從另外一家半寶石公司挖來的。搞清楚喜恩在公司的權力地位後，就經常藉著業務關係去找她聊天。由於半寶石與真正有價寶石在內行人眼中是天壤之別，舉慶自認缺乏的這一部分，剛好喜恩的人脈和對珠寶的眼光都能給他開許多眼界，增長這個行業的經驗知識。雖然舉慶還沒進公司之前，大家沸沸揚揚的傳說他已婚，外加一位小老婆，兩邊都有小孩，住在不同的台北豪宅。但喜恩仍舊抵擋不住舉慶的魅力。舉慶又高又帥，說起話來總伴隨著一種「你一定可以信任我」的手勢，兩人外貌雖然有點不搭，但從喜恩就算是平日沒去拜拜的時候也開始細心打扮，手鐲戒指套裝與香水，這一高一矮的男女越走越近，直到公司上上下下都覺得他們已經出雙入對了，喜恩和舉慶仍以為大家看不出來，不知為什麼還繼續否認他們是男女朋友關係。

喜恩每天臉上燦煥，她儼然成為一個墮入愛河中的幸福女人。但是看在她的主管冠勤眼裡，這個原本在工作上完美無缺的職員正逐漸變質萎靡中。

她會在建立會員名單時打錯會員名字，因為VIP會員的建檔相關到寄發節慶卡片以及有價小禮物。這幾個月已經發生了兩次重要新客人來向冠勤生氣抱怨。這兩位客人的年消費都在千萬以上，在名字上寫錯一個字，就足以讓這樣的客人覺得被忽略，更何況連姓都打錯。在採購方面也有成色判斷錯誤的情況出現，造成公司接近三百萬的損失，真是讓人跌破眼鏡的失誤。冠勤不得不懷疑她的腦袋是否因為愛情沖昏了。

為了客戶和三百萬的事，冠勤找她懇談兩次，每次喜恩都哭著說對不起，非常抱歉，但是不久之後又出了看起來很細微卻對公司形象打擊很大的錯誤。她把一位客人訂做給小三的紅寶石項鍊耳環套組，送到府上被大老婆收到了，最慘的是，裡面還附有喜恩自作主張的一張小卡片，內裡打上「親愛的允允老婆」，「愛你的親親老公某X」。小三的名字和老公的名字都在上面了，引爆客戶家庭內再也壓不下去的大波瀾。冠勤花了九牛二虎之力，好不容易把所有的場面都穩住了。一回到公司看到喜恩和舉慶兩人公開出雙入對，冠勤真是大火一把，只能按捺住。要知道有小三的固定客人很多，就是因為他們公司口風緊，又設計獨特不重複，這種優質的服務是多年來建立的口碑，遍傳在許多花錢不手軟的男人之間。冠勤開始在言語上對喜恩不客氣地要求，因為她的粗心大意到底要造成多少的爛攤子給主管收拾呢？

只要冠勤挑剔喜恩，舉慶就會從業務總監的立場挑剔冠勤。幾次開會下來，冠勤逐漸知道規律。舉慶的架式一副「老子我跟你平起平坐，你管不著我」的態勢，但這個男人可能沒搞清楚真正的狀況。在公司裡，冠勤是多年來唯一被大老闆信任的合作夥伴，挑戰冠勤，就等於挑戰自己的飯碗。舉慶逐漸藉口晚上與客戶應酬，經常早上根本不進辦公室，搞得人事會計來問總經理冠勤，業務總監好幾天沒有打卡，薪水要照算嗎？

舉慶今天一樣到下午才進公司，冠勤和他開完會走出會議室，心中正有一股說不出的煩悶。喜恩組裡那位年輕的設計師晴晴，這時不經意走到茶水間，冠勤看著晴晴一走一跳的輕俏背影，她還不到三十歲，但是有幾次設計出的珠寶樣式讓他眼睛一亮，交代的事情這個小女孩也一項不漏，冠勤從這一刻起，決定將重要的事情越過喜恩交給晴晴，這麼試試，幾次之後，就發現晴晴會立刻機靈地回應，一絲不苟地認真做好。

在一次和大老闆與重要客戶開會的時候，冠勤直接把晴晴找進會議室做客戶要求的設計方向紀錄。當晴晴隨著冠勤的聲音站起的時候，喜恩從座位上抬起頭，兩眼直勾勾跟到他們把會議室的門關上為止。也許就從那天開始，喜恩的眼神變得朦朧又複雜，還有些無法控制的，總在上班時間梭巡著冠勤的各種動作與表情，有時冠勤和舉慶開會，喜恩也藉著送茶水自動坐下來做紀錄，她總和舉慶坐會議桌的同一排，兩人在冠勤的正對面觀察，讓冠勤覺得很不舒服。在這種不愉快又說不清楚的互動關係中，冠勤越來越不給喜恩參與重要工作的機會，雖然業務部直屬大老闆，冠勤沒有直接的生殺大權，但舉慶毫不掩飾的挑釁眼神，也讓冠勤很想在大老闆面前告他一狀，只是沒打卡這件事情也太小了，忍住了沒說。

喜恩的眼神越來越多渴望和直勾勾的緊盯審視。這麼在意主管，怎麼不多用點心在工作上呢？雖然冠勤心中嘀咕著，喜恩卻沒有從死盯著的眼底讀到這條主管內心的批判，她除了勤快的死盯著，工作上該少根筋的一根也沒多，錯誤百出。有時冠勤想到喜恩這十幾年來在公司的付出，常常為了客戶的事情加班到很晚，內心對這個員工是珍惜不捨的。

她離婚過兩次，第一任婚姻中兒子判給前夫，第二任婚姻的先生喜歡賭博玩酒女，老是從喜恩手上要錢去當撒錢大爺，卻死也不願意跟喜恩離婚。為了離婚，冠勤還幫她請律師打離婚官司，結果仍然多花了一百萬給對方，才順利離成。一個婚姻路途坎坷的女人，好不容易遇到願意看她一眼的男人，雖然這個人已經有不只一房妻小，注定不能進行到求婚的好結局，難道墜入愛河就不可以？就是一件見不得人的事嗎？

冠勤很想大聲對喜恩說：「談戀愛當然可以啊！但是你可不可以把工作做回你自己本來的水準和品質?!」喜恩的工作品質原本是永遠第一，不允許他人超越的。靠著「要做就做到最好」這個信念，喜恩每年在公司總是獲得最高的考績獎金，冠勤甚至還主動幫她爭取珠寶設計業績分紅。但是她今年讓公司損失這麼多，恐怕業績分紅沒了，考績獎金也要落人後許多。

雖然冠勤對喜恩的信任度越來越降分，分配的工作越來越少，但喜恩在公司留加班的時間卻越來越多，這天冠勤和客戶約在外面的咖啡廳談事情，一談談到晚上八點多，忽然想到一份文件得回公司拿，一出電梯卻發現公司竟然還亮著櫃檯大燈，他很好奇是誰會加班到這麼晚，繞過櫃檯進入辦公室，一眼就看到喜恩和舉慶站著正商量什麼，看到他，兩人似乎很驚愕。冠勤毫不在意，他伸手開自己的辦公室門，總經理辦公室的門居然沒關緊，一推就開了！冠勤瞬間閃過一點怪異，卻不疑有他，可能是他自己忘了鎖門。不過平日為了保險起見，他通常都把重要文件鎖在櫃子裡，所以就算忘了鎖門也無所謂。

他已經很累了，明天一大早還要去高爾夫球場，和璽安礦物公司的徐董約好在球場吃早餐碰面。他找到文件重新鎖上櫃子，隨手將門反扣鎖上，離開辦公室前仍然感受到從背後熱烘烘直勾勾盯著他的兩雙眼睛。

這一陣子他總是很累，常常想提早睡卻累得反而睡不著，腦子裡不由自主地轉動著喜恩不大正常的眼神。他翻個身，又出現和舉慶開會的畫面。怎麼這兩個人表情舉動越來越像？冠勤忽然醒悟了，就是眼神！兩個人盯著他看的眼神都變得直勾勾的！特別是公司辦設計發表的記者招待會或者大型展覽時，兩人還會輪流黏在他旁邊，不知情的人還以為是總經理助理。死盯著，彷彿這樣就能看穿他的腦袋，打探清楚他手中握有哪些公司資源、舞台以及各種人脈。他們似乎無法自覺自己的眼神令人多麼不自在，又太裸露所有的慾望，有那麼多慾望，卻一直在喪失工作水準中。喜恩是大老闆從徐董手中要來的好職員，什麼時候變得這麼疏漏不負責任？舉慶進公司的時候是個很願意合作的人，什麼時候變質了，習慣挑釁又只願意照自己的步調和利益做事，才真正對公司是致命的。

這些疑惑都是冠勤在黑夜中無法想通的。再睡不著，恐怕第二天又要多喝兩杯咖啡撐精神了，他看看床頭時鐘，已經過了午夜一點。如果明天和徐董打高爾夫球時暈眩可就慘了。這一陣子還有心臟不舒服的情況。太太陪他去找心臟科醫師檢查，醫師說：「你是老毛病，二尖瓣有點脫垂，看心臟超音波和心電圖，目前倒是沒有太大的問題。只是工作壓力太大啦，都六十歲的人了，還不保養身體，要多休息！」

一早的陽光灑在高爾夫球場起伏的綠草地上，光色溫和清翠，徐董和冠勤在蟲鳴鳥叫聲中共進早餐，正事說完簽訂合約，冠勤起身想到自助早餐台拿一壺水，不料一陣暈眩感令他踉蹌，不得不扶著桌沿坐回位子，徐董立即要服務生來幫忙，關心地問：「你還好嗎？」徐董看著冠勤的神色不大對，又說：「需不需要去醫院檢查一下？」冠勤搖搖手，說：「前兩天才出來的檢查報告，都沒事，真奇怪！」

徐董沒說話，停著喝一口早餐茶，開始專注地看著冠勤。球場服務員已經找來醫護人員量血壓，搬來一張躺椅，連點滴架和葡萄糖鹽水點滴都帶來了。冠勤在躺椅上顧不得其他，閉上眼睛仍然天旋地轉，打點滴過了一會兒。暈眩感慢慢消退，張開眼見徐董還頗有思慮地看著他，老前輩這麼做讓冠勤覺得很不好意思，正要開口，徐董卻先說了：「老弟，雖然這世界講究眼見為憑，我想有些事你最好還是相信一點。你有沒有得罪了誰啊？」冠勤聽這話愣住了。

徐董是珠寶界出了名的喜歡研究風水、命相學，喜好佛法研究，和一些道家養生專家友好，又稍微會一點中醫，所以在業界外號徐老仙，只和某幾個固定的人做生意，看不上眼的，就算把錢送到門口，他老人家還是連見都不願意見。

「徐董這麼說，是我身上有什麼不對勁嗎？」冠勤雖然不相信這些有的沒的，但是老人家這麼說了，心裡總感到不安。徐董沒回答，逕自掏出手機，按了一個電話就說：「小高啊，是我，你現在有空嗎？過來陪我一個小老弟看看他辦公室到底藏有什麼鬼好嗎？」徐老仙的口氣很輕鬆，但是冠勤聽著居然有些發毛。沒有人能夠拒絕徐老仙的好意，他的風水師一定很昂貴，但是徐老仙主動安排的就不會讓冠勤付費。這一點冠勤早已風聞。

被徐老仙稱為小高的風水師，其實年紀看來有七十歲以上，冠勤客客氣氣地請他到總經理辦公室坐，他不坐，反而在寬大的書架與公文櫃旁停住，眼睛往天花板上來回看了許久，忽然指著一個角落說：「可否掀開那塊板子，上面應該有東西。」冠勤按個內線叫人搬張凳子進來，辦公室的天花板都是輕鋼架三夾板材質一塊塊拼湊，很容易就能掀起一兩塊，那個爬上凳子的男職員伸手抵住天花板一角，板子一傾斜，嘩啦啦一堆噁滑的物件掉落到地上，男職員嚇呆了，地上有四隻乾縮死掉的白老鼠，還有一隻落在男職員頭頂，尾巴還盪在男職員的額頭鼻子前，男職員慌忙拍落，自己險些從凳子上摔下。

「這……這……是什麼?!」冠勤驚呆了。風水師皺起眉頭沒說話，反而看著地上還有完整的餅乾片、五彩的糖果，以及一些奇怪的看起來像紙片燒成的黑灰。可見在放置餅乾糖果的時候，白老鼠早已是死的。冠勤讓男職員把板凳搬出辦公室離開，因為驚嚇得太厲害，根本忘了交代要守口風。不一下子，全公司上下都知道總經理辦公室被人下了黑法。

「這是五鬼搬運，老鼠打了防腐劑死的，所以不會有臭味。乾縮的樣子已經是有一些時間了。五隻死老鼠代表五方鬼，在中央供祭的糖果餅乾上再燒滿七七四十九天的符咒，死老鼠就成了五鬼宅，下咒者就可使喚。這些老鼠是白的，可見得下咒者只希望你重新重用他。倒沒有真正想索命奪權的意思。看來……唔……」風水師從口袋裡掏出一雙白手套戴上，蹲下搓摸掉在地上的黑灰，繼續說：「以這灰的數量看，應該還燒不滿一個月。」在風水師講話的同時，冠勤已經從驚嚇變成極度的憤怒，他按捺著低沉的聲音問：「這會影響到我的心臟？還是精神注意力？或者……運勢？」

「會直接影響你的睡眠。因為放在天花板東北角，剛好可形成五鬼會。這陣子你應該時時想到這個人的貢獻，曾經為公司、為你付出的辛苦，你對他的失誤雖然生氣，過後又會寬容不忍，四十九天後，如果你沒有任何宗教信仰，也許你就會重新重用他。唆使五鬼跟著，對你的身體健康和運勢當然不好。徐老應該是看到你臉上有鬼黑氣，才這麼著急。」風水師說著。冠勤聽著，覺得腦袋忽然一片空白，只出現一雙死盯著他的眼睛。不，後來變成兩雙。他很想知道喜恩做了這事情之外，舉慶到底知道不知道，到底有沒有參與。

他被人下符咒了，這是什麼時代，怎會有這樣邪門離譜的事?!他忽然想到有一次要晴晴去南部出差，小女孩很天真的問：「我可不可以晚一天去？因為今天晚上喜恩姊和舉慶哥要帶我去拜拜，聽說那個宮廟求的符很靈驗。」當時毫不在意的對話，現在想到卻不寒而慄，難道晴晴也是參與者之一嗎？冠勤在幾秒鐘內已經轉了千百個念頭，臉上驚疑不定。

「不用猜想這麼多，如果你願意，道教的金光神咒，或是佛教的金剛經，或者進教堂禱告，盡是解方。如果都沒有任何宗教信仰。只要不和糜爛的夜生活攪混一起，作息正常，身體氣脈一樣會恢復。關鍵就在找出五鬼陣所在，搗破它。那符咒的力量就沒有著力點。差使符咒的人就會被自己的咒詛反噬。」風水師看他很擔心，解釋得也仔細些。

雖然冠勤很憤怒，但是聽到對方會被自己的咒詛反噬，心中卻又有一絲不忍，沒有人是絕對的壞人，喜恩不過是希望重新得到重視。

「反噬，會在對方身上看到嗎？」冠勤忍不住問。「他這樣害你，你還要幫他嗎？」風水師似乎看穿他的想法，伸手撈起死老鼠和地上的餅乾糖果扔進垃圾桶，動作十分俐落，一點也不忌諱的拉幾張桌上的面紙又蹲下，把黑灰全抹淨，冠勤還在被打擊的震撼中，根本忘了禮數，任由風水師在地上清理，直到垃圾袋被包起來打結，冠勤才像醒過來一般，想趕緊接過垃圾，卻被風水師一把推開他的手說：「雖然我說得輕鬆，但你別小看這符咒。別碰到！你應該已經知道是誰做的好事，回想看看，哪幾個員工的眼神已經不對勁，那是中邪了！那些中邪的人應該都有參與。」

「啊?!怎麼說？」冠勤真不敢相信。照風水師所說，那就是喜恩舉慶都參與了。

「道藏裡記載了許多符咒的畫法，有些修道的人也會畫，可說是神靈給人們一個方便溝通的方法，讓人在有需要的時候燒了，或配合口中念咒就可以成為求助的信號。」風水師在這裡停頓了一下，冠勤疑惑地插嘴：「神靈？那就是人們敬拜的神靈囉，為什麼可以做害人的事呢！」他的語氣到最後一句不免露出憤慨的情緒。風水師微笑地說：「別急，我還沒說完。道藏裡面記載的符咒畫法和用法，現在並沒有多少人認真在研究。最多的是宮廟裡的乩童，透過乩身開符咒給求符的人。例如你的員工如果向神明附身的乩童哭訴說，我的公司裡有小人，阻礙我的前途，可不可以幫忙掃除小人。或者，我的主管最近對我很不好，可不可以幫我挽回他的心。又或者，我真的很喜歡那個人，有沒有辦法讓他也喜歡我？這些都是哀切的懇求，如果乩童的修養不夠，或者連結的背後力量層級較低，即使表面上供拜的是非常高位階的神明，開出來的符咒也會很糟！」

「乩童的修養？神明的位階？那是什麼意思？」冠勤越聽越糊塗了。

「乩童的神明附身本身就有三種，一種是百分之百的神明附身，說出的答案可一一證實絕對準確。第二種是七分神三分人，第三種是三分神七分人，這兩種都叫做附身不完全，但回答問題時，第二種比第三種當然好太多。第四種，完全是假的，就不必說了，台灣人喜歡走宮廟，大家都能分辨都精得很，假的就沒人會去了。」風水師說到這裡，冠勤顯然從來沒聽過這些，所以又好奇問：「那麼神靈的層級是什麼意思？」

「道教的最高神明是三清道祖，與太極等同，西王母與木公是繁衍人類的最初始祖，九天玄女是傳說中補天的女蝸娘娘，這些都是非常大的神靈。除非乩童本身的修行境界太好，否則幾乎不可能輕易附身。那就有可能以層級較低階的代表神附身乩童辦事。當然如果乩童本身的修為更差，也有可能根本只是動物靈在辦事。」風水師說到這裡乾脆坐到沙發椅上，嘆一口氣說：「你大概又要問，動物靈是什麼？例如《白蛇傳》的白蛇娘娘、狐仙、虎爺等等，統統都是。如果是這麼低階的力量，那也有可能介於人神之間的境界，當然只能聽哀求者那片面之詞，沒有看到事件全面，就開符咒讓這個人去對付想對付的人了。」

「但是我們大部分的人小時候，不是都被父母或者阿嬤拿了衣服去宮廟裡祭五鬼、安太歲，還有吃符水。那也是不好的力量嗎？」冠勤想到小時候的確常常被帶著做這些事。

「那就和求符的人心念如何有關係了。長輩為孩子們祈求，當然是平安健康好運勢。這樣的心念沒有任何惡意在裡面。如果是婆婆要對付媳婦，那當然除外。」風水師說著笑了一下，但是看冠勤聽不懂這個冷笑話，就收起笑容又繼續說：「如果求符咒者有任何邪念，對付哪個人希望對方做些對自己有利的事情，或發生對自己有利的變化。那麼，別說乩童本身的修養以及神明的層級，這一念之邪就會讓使用符咒的人自己先成為邪念的工具，燒符咒使用時，也會有黑邪直接依附，所以眼神自然出現中邪的樣子。被下符咒的人當然就出現身心不舒服的情況了。」

風水師一古腦全部說完之後，看冠勤怔忡的樣子，知道他一時還沒辦法全部消化這些狀況，索性起身拎起那包垃圾打算離開了。沒想到冠勤又心軟多問了一句：「我可以幫他們度過嗎？」風水師深深看了他一眼，說：「徐老果然沒說錯，你這個人厚道有餘，智慧不足啊！」接著就從身上掏出一個銅幣。

「這不是五十元硬幣嗎？」冠勤奇怪著問。

「這可以買多少東西？」風水師笑著回問。

「買一塊麵包？吃一碗陽春麵？不能買多少東西吧！」冠勤不知道風水師為什麼這麼問，只能老實地回答。

「我們手上有多少錢就只能花多少，想要多累積些錢就得實實在在努力打拚，如何能向他人偷福分呢？想利用符水燒符咒影響他人做滿足自己私利的事，當然叫做偷竊。就算再高的神明，也必須遵守宇宙運作的大法則。沒有人有權利控制他人的心神！」風水師正色說：「咒破邪賊出，原本和邪咒合一的身體當然會大病一場。這是咎由自取，對下咒者而言，也是清理出內邪轉變運勢的好機會。」

「反而可以轉變運勢？」冠勤有點驚訝。

「當然，因為邪念邪靈的中邪狀態，這個人表面上看來會因為偷來的福分而一度風光，權力地位都提升，但是很快的，偷來的福分用光時，就會遇到更大的災難，運勢會摔得更慘重。今天幫你解了這五鬼陣，其實你也已經讓那些人得以經由反噬的痛苦恢復被外邪控制的心神。」風水師做完這一大段解析，真的拎起那袋垃圾，說：「我這個不速之客，就把這意外之財帶走了，免得你不好處理。」

不知道是不是心理作用，風水師走了之後，冠勤覺得精神氣力忽然好多了，眼睛也亮了起來。想到那兩個人中邪的眼神，他已經沒有懼怕。該解決的事不能拖延，於是打開門，剛好看到晴晴手上拿著一些簽呈向他走來。

「總經理，這些都是比較急著處理的公文，請您先看。」晴晴說話時兩眼骨碌骨碌地往房間四周打轉，忍耐著十分好奇的表情。冠勤簽好之後說：「你去叫喜恩和舉慶進來開會！」

「他們，他們剛剛已經一起離開公司了。」晴晴小聲地說了之後，看冠勤驚訝的表情，又很二百五地多嘴：「總經理，他們有求符咒對付您喔？很多人都知道他們去兩三個有乩童的宮廟，只是不確定從哪一個求來的，大家議論紛紛，不敢再去那些地方了，好邪門喔！」

冠勤沒回答，晴晴知趣地閉嘴掩上總經理辦公室的門。冠勤坐在椅子上轉向窗外，下午的陽光被這面東的大樓遮蔽，只看到遠處的山上一片金色，明天他們會不會繼續若無其事地來上班呢？或者真的像風水師所說的，兩人就不約而同一起生了一場大病？不論如何，冠勤開始釐清所有的混亂。

這個女人的慾望。她想擁有所有，卻更害怕失去。希望她喜歡的男人愛她，即使因為愛情而混亂，也要保有原本的權力地位。為了維持公司的地位，滿足永遠填不滿的好勝心，她根本早已失去原本敬拜神明時的純善，難道她也對這男人下了符咒？以她的長相平平，就算再打扮也是矮胖的中年女人。她是燒在水裡讓他喝嗎？不然會迷上她還真是件很奇怪的事。

不過這個男人對她也有慾望，想藉由女人在公司的位置提供現成的利益和舞台。也許還想幹掉冠勤坐上總經理的位子。從他挑釁的語句判斷，這個想法應該很強烈吧！難道是這個慾望使他主動喝符水？或者願意一起去求符咒？很難想像一個有妻妾孩子的男人，這麼效忠地幫個她弄到死白鼠，爬上凳子搬開天花板，在上面放置好之後還連續二十幾天燒符咒對付總經理。總是欲求不滿當然容易中邪了！

不論這些推理的細節正確與否，冠勤想到風水師手裡的五十元硬幣。是的，接下來，就是公事公辦了，生病就請病假吧，該上班的時間就實事求是地好好工作。工作的結果，就是最公允的評判。

想要讓自己變成最厲害最受矚目的員工，這是唯一的方法。五十元法則是再正常不過了！

嬰兒才剛學會跨出第一步時，父母親往往開心地拍手說，哇，你真的好厲害呀！這個小嬰兒從此凝凍在人們的腦海中，隨著身體長大而逐漸縮小到記憶完全無感的地步，深深掉入心靈的井底，躲在溫暖而僵化的枯井中，每當事件發生的時候，這個小小孩兒就要把頭伸出井口吶喊，我要很厲害！我最厲害！我一定是對的贏的最厲害的！

這就是主導人們維護面子的行為背後，幼稚的內在小孩，以固執僵硬的思考模式，時刻不放過贏得掌聲與滿堂讚賞的機會。

要克服內在小孩的不成熟思維，首先必須超越「很厲害」這三個字，在第一時間就先安靜下來，只須多給自己一分鐘，閉上雙眼深深地呼吸，祈請靈氣金色的光芒從頭頂貫穿到腳底，很快地沉澱情緒，再張開眼睛時，捫心自問看見的是問題本身還是情緒的起伏。

重拾平穩的心情，才有足夠的心靈空間收拾破碎的玻璃，有條理地抹乾潑灑過的桌面地板。再進一步看看是否真的能夠完整克服面子的問題，真心誠意地願意承認失手的錯誤，再端出一只裝著純水的晶亮玻璃杯，其實這時候掌聲就會再度出現。

當「最厲害」每一次與生命中每一種事件邂逅時，都會不斷激出智慧的火花，心靈的紫紅色力量因此可以飽滿逐漸成熟的人格發展，枯井將湧出清涼的泉水灌溉整片荒蕪，樹苗甫發一片片翠綠，當事件的爆發不再是痛苦的面子問題時，茂密的智慧林木就能帶給酷陽烈日下疲憊的旅人一席喘息之地。

願意如此反覆訓練的人，內在小孩不再經常自閉於「很厲害」的枯井中，活潑的幼稚思維終有一日會願意伸出手讓綠色的精靈帶領脫離僵化，那麼廣茂的智慧叢林將往無垠的四面八方伸展。

這樣的人生雖然不見得有枯井裡的安全，卻一定是無限精采有趣的，因為睜開雙眼所看到的絕對不只是自己，更多的是色彩繽紛的視野。

靈魂的居所

感受的具體形狀是圓形？正方形還是三角形呢？實際上，感受是看不見摸不著的，就像空氣一般，既沒有範圍的界定也根本來無影去無蹤。有時引發各種情緒，也可能在還沒有意識到心情的複雜轉向時，這些感受已經替大腦做出動作和決定。

我思斷腸，伊人不臧。棄我遠去，抑鬱難當。我心相屬，日久月長。與卿相依，地老天荒。綠袖招兮，我心歡朗。綠袖飄兮，我心痴狂。綠袖搖兮，我心流光。綠袖永兮，非我新娘。

——節自英國民謠〈綠袖子〉揚州才女蓮波翻譯

英國人最驕傲的歷代君主中，十六世紀的童貞女王伊莉莎白一世幾乎是傳奇。這首英國民謠從伊莉莎白一世時期家喻戶曉，正是女王的父親亨利八世在追求女王的母親安波林皇后時所譜的長笛曲，曲音憂愁傷懷，情意綿長。然而浪漫的結合，並不保證這位都鐸王朝的第二任皇后永遠幸福，在婚後三個月就因為各種原因失寵了，三年又三個月後被冠以莫須有的通姦罪推上斷頭台。更多的宮廷織錦隨著天光流轉，情慾火熱但忠誠不足的亨利八世前後共娶了六位皇后，兩位被休，兩位上了斷頭台，一位病死，最後一位才為他生出心心念念的兒子。

對於長女瑪莉公主而言是父親休了母親，對於次女伊莉莎白公主而言是父親殺了母親。在父權至高的時代，宮廷貴族的華服錦縟在暗夜裡腥風血雨不斷，沒有人能夠真正走入童貞女王的內心，也許她應該恨父親殺了母親，或者她認同母親的冤屈卻崇拜父親雄才大略的霸氣與藝術音樂的極致才華，又或者，這些對她而言根本都不重要，生存恐懼本身已經足以讓她得到所有的磨難，從常理推想，她的人生應該充滿迷離矛盾與憤怒戾氣。但從歷史事實翻頁卻得到相反的印證，女王從未在每一個命運的轉捩點上跌入失常，永遠在波濤洶湧中因著沉著的意志力張開乘風破浪的翅膀，帶領英國臣民走向輝煌治世。

給予生命的人並不是聖者，相反的，是一定會犯錯的平凡人。而父母親之間的愛恨情仇也可以成為最佳的正反面行為模式與榜樣。

成為父母親是人類在學習成長的各種領域中最嚴苛、壓力最大的事件，沒有付出努力和承擔，就不會有兒語互動與被子女尊敬的收穫。孩童總是仰望並且神聖化父母親，但是成為父母親時面對孩童們的仰望，卻經常要感到被依賴的麻煩和面對人生每個第一次缺乏經驗的手足無措。有些人面對壓力和承擔時會一肩扛起，抗壓性低的人就選擇逃走、假裝沒有看見或是做出最投機的選擇，把後面的麻煩留給伴侶或其他人處理。如果有一種可以選擇父母再出生的機制，大概世界上的憂悲苦惱就會減少一半以上。因為父母親的品質至少影響人格二十年以上，而人格性情正是主導人生選擇的最大因素。

這就是命運以及命運掌控的可能性。

古老人類為了生存而敬神畏天，他們為了生產豐足的食物而日夜仰觀天空，歸納出太陽月亮與其他星辰的運行規則，把太陽所走的路線命名為黃道，循著黃道分為十二宮位。在迥異的東西方文化中居然發展出非常相似的命運預判法則，西方的占星術和東方的紫微易數。

從黃道觀看的基礎在四百多年前被哥白尼推翻了，實際上並不是太陽繞著地球轉，而是相反的，地球繞著太陽運轉。即使今日天文學科學領域不斷更新認知，人們對於奠基於黃道觀看的占星術或八字推命、紫微斗數，仍然陷入

「信不信由你」的疑惑中，對於古老的運算以及命運的好奇也從未消停。煉金術、塔羅牌、姓名學、八字推命、九宮格、各種宗教通靈、靈擺、水晶預知，亙古以來人們因為太想深入命運的奧義，所以從不放棄致力於開發各種工具與方法，總希望能夠一瞥未來，哪怕能攫獲一絲絲訊息也好，預知是一件多麼誘人的想望。很多父母親在嬰兒一出生就抱去給算命師看八字，現代人甚至還可以計算懷孕年份與剖腹時辰，預期得到一個吻合自己各種期待的孩子，健康、聰明、孝順、帶財運，包山包海。

這個美夢來自於嬰兒看起來像白紙般的可塑性，似乎總給父母帶來無限的希望。但是嬰兒的命運其實和整個家族息息相關。父母親以及兩方的祖輩，在家族中人與人之間的關係時刻都影響著那張白紙。古老面相學中，雙眼即是日月，太陽是父親投射的洞悉，月亮是母親賜予的靈動，那雙天真澄澈的眼瞳永遠在好奇中爍爍發亮，還是逐漸開始閃躲黯淡或忸怩呆滯？每一種神情都是最真誠無欺的鏡子。

這面鏡子千絲萬縷牽引著滿布神經纖維的身體，情緒在神經傳導中時刻不停地帶領著內分泌腺體，掌管身體內在所有的變化。

孩童從跌撞習步到安穩站立，左半邊的身體關聯著母親的支持，右半邊的身體緊繫著父親的力量，身體中央從頭骨到尾椎，整條脊柱是靈魂意識的居所。將左右兩邊的父母親能量整合集中，就成為往後在這個世界探索的最大資本。

海底輪／大地、臍輪／母親、喉輪／父親，這三個脈輪承接著探索世界的最初嘗試。其實命運從來不曾固定屬於哪一條道路，命運是每一個念頭與抉擇的加總。而從小仰望父母的親子關係中培養成的人格，幾乎決定每一次面對事件時的想法與抉擇。

親愛的孩子

二十一歲的子清去英國念大學，暑假回來休息後，打算繼續申請就讀音樂教育碩士班。母親已經幫他規畫好，讀完回來就在家附近開一間樂器行，邊收學生教小提琴和鋼琴，邊兼玩樂器，交女朋友、結婚生小孩，一輩子無憂。

他的排行上面有兩個同父異母的姊姊，還有三位同母異父的哥哥，這五位兄姊中最小的也比他大八歲，他的父母親是各自離婚後再結婚生下他，所以很早就規畫著老年生活要和這個最小的兒子一起住。

這天晚上子清生日，在家中開慶生會，朋友們帶了各種紅酒、氣泡飲料來，玩鬧到天亮。有些人喝掛了，直接睡在地板上，客廳臥房都分不清楚了，到第二天接近中午才一個個離開。母親進臥房叫他的時候，他側臥橫躺在地上，搖醒他之後才看到半邊臉居然是紅腫的，額頭也有擦傷。子清手扶著頭，感覺強烈的偏頭痛，大概睡一半又從床上跌下來了。這是從小就有的毛病，但是去英國留學的四年中都沒再發作過，不知道為什麼一回家又出現了。

母親疼惜地撫摸他的臉頰，四年沒回來了，一回來又出事。「在英國一定有一頓沒一頓的吃又常常熬夜吧！沒關係，我和你嫂嫂他們一起去幫你禱告。」母親已經好幾年狂熱於宗教信仰，對於教會捐獻、禱告、活動參與不遺餘力。子清搖搖頭，撥掉母親的手，表示沒什麼大礙，過幾天就會好，不需要大驚小怪。母親卻小聲地說：「唉，這就是牧師說的，家裡有……」母親的話被站在門口的父親打斷了，「是啦是啦，家裡有惡魔，因為我們有佛堂的關係，佛堂上拜的那些都是惡魔！」父親說完哼了一聲，撇頭離開，不久後就聽到客廳傳來父親誦經的聲音。

子清真後悔暑假回家，原本該在倫敦郊區的星巴克打工，都和朋友說好了，卻禁不住母親的要求還是回來了。他根本想都沒想過畢業後回來經營樂器行。父母親的問題是無解的，像這樣每天相互攻訐對方的宗教已經很久了，他幾乎無法想像畢業後回來，人生將是如何扭曲。申請研究所只不過因為尚未在英國找到工作而已，他絕對要在英國定居。

小學六年級時，他第一次作噩夢從床上摔下地，父親帶著他去行天宮收驚，母親知道了，就特別找牧師牧師娘和他一起吃飯，牧師娘親手將一條白金十字架項鍊掛到他的脖子上，從此以後，母親每天都要檢查他的十字架還有沒有戴好。父親為了十字架項鍊，帶他去吃三一冰淇淋、買球鞋棒球帽，偷偷告訴他，其實母親的上帝不過是佛教世界第四天的天主，佛教的宇宙觀能量場還是大許多許多倍，譬如國王會分封領土給諸侯一樣。他不小心在晚餐時天真地問母親：「上帝真的是諸侯嗎？」母親立刻拉下臉指著父親的鼻子罵：「你根本是惡魔附身！」父親也破口大罵：「你這個賤人！你給我滾出去！」

母親收拾皮包行李，臨出門前把子清拉住一起走，屋外下起大雷雨，雷電閃閃，父親摔下洗一半的碗盤從廚房衝出來拉住子清另一隻手，受到拉力的衝扯手臂肩膀都痛，子清驚天動地號啕大哭，大門是打開的，響聲在樓梯間迴盪，隔壁萬媽媽走來勸架，「你們是多辛苦才結婚的，如今何苦呢？這個孩子當初還歡喜地選良辰吉日剖腹生產，是個健康帶財命的好孩子，看在孩子份上，放下行李吧！」

從此以後子清就不願意多說話了，也許沉默還比說錯話好，父母親是他的天，話說錯了天是會崩塌的。反正生活不過是做功課、吃喝拉撒睡。離開家找朋友玩樂時最沒有壓力，自私一點，別看著父母的臉色，每天就可以過得快樂。

小學到高中的幾年間，子清經常想逃家，為了躲避父母親總是要求子清對各自宗教的認同。這種時候他就會夢到上帝帶領大批羅馬將領騎著高大的馬匹，每個將領都是臉上刀疤橫眉豎目，另一方，觀世音菩薩號召玉皇大帝天兵天將，祭起大旗纛，各自揮兵在空中廝殺起來，地球變成一片火海，機器人按下核子彈發射，他被丟到快要爆發的火山口，又因為山崩地震而無處躲逃。在心跳氣喘中醒來時，他已經躺在冰涼的地板上。

多少年了，他仍然沒有擺脫這個噩夢。

子清苦笑了一下，看時間才想起下午有一個朋友要介紹漂亮女生給他，腫起來的半邊臉實在有礙觀瞻，子清爬坐起來，忽然一陣天旋地轉，背部、肩膀、手肘、大腿、肚子、屁股、膝蓋無處不痛，可能是昨天喝太多了，宿醉的關係。勉強撐著去廁所刷牙，想照照鏡子，頭卻抬不起來，他又驚又疑，不知道該怎麼辦才好，卻仍然不想找爸媽。急忙撥電話找朋友，這就取消了下午的娛樂，由朋友陪同去醫院檢查。

在醫院，子清連續吐了三次，醫師判定是腦震盪現象，他的脊椎雖然看不出受傷，但是腳已經沒有力氣，頭仍然抬不起來。腦部斷層掃描意外發現小腦邊緣與大腦枕葉間有一顆腫瘤，看腫塊的邊緣是整齊的，醫師覺得應該是良性瘤。可能已經存在很久了，也可能是導致子清經常從床上摔下來的原因。雖是良性腫塊，但如逐漸長大，也許會壓迫中樞神經，造成腿部運動以及身體平衡發生問題。為了更深入確認，也做了抽血檢查。

隔週去看驗血報告卻有不好的消息了，血中有特殊的胎兒蛋白，白血球與淋巴球指數不正常，紅血球有鐮刀現象，直指惡性造血的可能，醫師又安排兩周後的全身核磁共振。

不會這麼倒楣吧，也許過幾天就沒事了，子清每次摔床偏頭痛都會這麼安慰自己，也就這樣過好了幾年，從來沒有人知道他的情況。這次應該也不會有例外。但是一周又一周過去了，臉上的外傷雖然平復，脖子無力抬起、胸腹疼痛以及腿軟情況不但沒有好轉，還越來越糟，他必須扶著牆壁才能走路，否則平衡感欠缺之下感覺容易跌倒，頭整個垂掛在脖子上，必須戴上護頸才能勉強挺直，看來他已經無法回英國念書了。

核磁共振找出更大的病因，他一直有肚臍周圍悶痛的毛病，原來胰臟腫瘤已經悄悄進入第四期，肝臟也有腫塊出現，再印證血液檢查，確認癌細胞轉移到骨髓，是急性骨髓性白血病。父母親靜靜地聽著醫師說明，不能相信一個活脫脫的孩子竟然已經在死亡懸崖邊緣。

母親崩潰地哭起來，父親伸手擁抱母親。這是子清多少年來夢寐以求的畫面，如今實現了，卻是因為他的病已經無可救藥。胰臟只有一個，癌四期又有多處轉移，是無法處理了。醫師告訴他們，子清應該還有兩個月的存活可能。這兩個月中，最麻煩的會是全身可怕的疼痛。可以這麼比喻，皮膚上一道不小心割裂的傷痕如果沒有處理好，會潰爛出膿，那是非常疼痛的。癌末病人的身體內所有的癌腫塊，最後會因為從血管吸收不到養分而開始潰爛，比皮膚上的潰爛會疼痛上一萬倍。因此癌末病人的鴉片可待因、鎮靜劑、嗎啡等等需求量非常大，口服止痛如果無法完全，就必須注射，只有安寧病房可以處理。

他們按照醫師的建議，讓子清入住安寧病房，每天從早到晚輪流來陪兒子。彷彿又回到幼稚園時候，子清好幾次發燒住院，父親一下班就來醫院，先讓照顧了一整天的母親回家洗澡換衣服，不久母親又帶著熱熱的飯菜來醫院，打開飯菜盒子，三個人侷促在病床旁的小桌子上分食，幸福溫暖就在手肘靠手肘的擁擠分食中無限擴張。每次父母親相互韃伐，子清好幾次希望自己乾脆生病住院，現在父母親完全不提宗教信仰，至少在他面前是如此，子清無聲地笑了。

用他的生命換取父母親的和解，是值得的！

他要求父母把他最愛的一把小提琴帶到安寧病房來，神智清醒的時候他還可以自娛娛人。但是隨著胸水腹水逐漸增加，嗎啡的作用被稀釋，子清經常在半夜全身劇痛醒來，醫護人員幫他加足了鎮靜劑量，用盡各種方法，他仍然熱痛大喘呼吸窘迫，連喝水都嗆到，這已經是醫療的極限。

好幾天來，子清在痛苦中呻吟，這天夜裡，他又喘咳又痛得必須坐著睡，父親忽然幫他按摩關節穴點，把手放在他腹部最不舒服的地方，母親從他的後腦沿著脊椎慢慢往下撫觸，子清感覺身體內一陣微微的電流通過，舒適又酥麻，疼痛大軍似乎逐一潰散，漸漸睡意爬上雙眼，朦朧中，他看到親愛的爸媽相對微笑著，恍若隔世的微笑，他擁抱著飽飽的安心睡著了。

原來，他的爸媽在很短的時間內，想辦法找到學習靈氣的機會，為了親愛的孩子，他們輪流認真學習，直接在子清劇痛時派上用場。以手傳遞靈氣進入需求者的身體，最直接的印證即是疼痛的有效緩解。脊椎是所有交感神經與副交感神經伸出長觸鬚之處，撫觸整條脊椎很快可以平息哭泣的靈魂。開啟靈氣的管道接收光能量再給予，是最直接的療癒工具，和任何宗教完全沒有牴觸。因為所有的宗教神聖的力量都在正向大光明中，人們以為進入一種宗教就必須是永遠的精神結合，但是正常人既沒有作奸犯科，也沒有殺人放火，在困境中找尋精神的依靠與庇護，這個宗教接觸看看，那個教義嘗試貼近，尋尋覓覓的路途中，哪一種宗教家庭才合適入住，其實只在每個人的性情合適哪一種信任。是的，關鍵就在信任。進入靈氣的信任中，可以連結原本宗教信仰的信任，沒有絲毫衝突，祈請光的祝福本身，也沒有任何宗教界線。

從那次起，靈氣穿插在大量的嗎啡和鎮靜劑的使用中，子清得以舒緩劇痛。「子清大概這兩天會走……」安寧病房的護理長輕輕地提醒他們，悲傷的父母各自用自己的方法禱告，母親請來牧師為他臨終受洗，子清已經不能言語，卻點點頭表示同意。父親請來信任的三位出家僧侶圍繞在一旁默默誦經，凌晨一點，子清在微笑中心臟停了。

肉體生命的結束並不代表一切都消失了，子清彷彿在虛空的光亮處祝福為了他而和解的父母，他的笑容永遠留在他們的思念中。

海底輪既是與物質世界的連結，也是取得生長條件的基本力量。臍輪的能量呈現在餵養、吸收消化、內在安定平靜上，從母親溫暖的擁抱凝視中逐漸整合開展出安全感。喉輪主導溝通表達，統合內外在感受，由自信帶領著向家庭以外的範圍擴張活動領土。

這三個脈輪從身體的最下方往上連結，因為重要性相互等同，所以可以畫

成尖角在上的等邊三角形，當我們是父母親面前的孩童時，所占據的點是海底輪，當我們成為父母親時，那麼我們占據的是尖角向下的等邊三角形兩個角點。這兩個上下顛倒的等邊三角形重疊，就是吉普賽人占星術中的驅魔大衛星（見圖）。我們可以在任何一個水晶販賣店家看到各種磨成圓型石磐的水晶組合，水晶陣底盤即是大衛星的印刻。

其實安定的家庭本身就是最可靠的保護力量，這個大衛星就在每個人喉嚨甲狀腺的位置，經常負責平衡自信心、取得充足安全感以及聯繫海底輪，最佳狀態下，父母親的支持力量可以讓一個初入社會的年輕人即使遇到挫折，也能夠完全不被生存恐懼牽著情緒走。

父親或父親的家族成員經常對孩童批判母親，這個孩子容易產生左半邊身體的健康違和，母親或母親的家族成員經常對孩童是非父親，這個孩子就容易產生右半邊身體的各種不適，對於健康損害程度的深淺多寡，幾乎可以經年累月滴水穿石。如果父母親雙方經常相互指責或謾罵，孩童從口腔到肛門，整個消化吸收問題會變得非常嚴重之外，可能連心肺呼吸都會逐漸耗弱。負責各種臟器運作功能的交感神經與副交感神經直接從後背脊椎往身體前方伸展，控制血壓心跳、呼吸頻率、肝膽腸胃的消化功能，身體是心靈的承載容器，心靈如總是浮沉在許多情緒垃圾海中，健康就會嚴重受到影響。

作為人子或是父母，如果都能夠在圓滿中成長、變老當然萬事都如意了，但是人間情境中，圓滿完美經常對命運是不感興趣的。命運比較喜歡玩波濤洶湧的遊戲，在驚濤駭浪中，人們才有失去的痛苦與獲得的珍貴，在失去與獲得之間，如果判斷與選擇的重疊經驗可以增長智慧，那麼命運之神寧可給予人們考驗覺知的大課題。也因此各種學習覺知之道就在命運的另一端展開。

在波浪滔天的大海中，掌舵命運之船的大腦觸礁了，船板被現實的礁石創破，船身開始浸水傾斜，舵手在危急中發出許多呼救電訊，希望附近海域其他船隻可以收到，殷殷企盼不久直升機和小救生艇就能趕來救援。

在粗略的比喻上，靈氣就是呼救電訊碼，可以振動更高層次空間的能量產生共鳴。當情緒溺水時，經常靜心自我洗滌者，內在是直接與靈氣合一的，非理性的波動很快能夠緩和下來，那麼人與人之間的關係惡化，事件相互撞擊摩擦的方向傾斜之時，祈請靈氣開啟溝通的管道，穿透人與人之間的意見矛盾與各自的立場堅持，才有進入真正合作的可能性。

親愛的老爸

五十五歲的君傑在休士頓上班，一早開會完之後打開電腦，卻收到大姊君玉來信，內容是大家已經幫父親找好安養院，下周一就可以入住，信的末尾有大哥君毅、弟弟君立的共同署名。

君傑大學畢業就出國念書拿到博士，在朋友們共同邀約去上靈氣課程中認識華裔美國老師雲金，驚為天人之下，加緊追求順利結婚了。同一年取得工作證與居留權。他的手足關係很好，只要其他人做的決定，他一定配合出錢。由於他不是在父母身邊照顧起居的孩子，一向不能插手父母的老病照護。雖然自知沒有資格出任何意見。看到這封信，他難過得整晚睡不著，雲金看他翻來翻去睡不安穩，索性把他拉起來說話，勸他：「你在這裡難過，還不如趕緊飛回去一趟，至少親眼看見爸爸的情況，就算不能主張什麼，你盡力了，將來才不會梗著遺憾在心裡。別像你媽那時……」這些話字字如同啟動引擎，君傑當下上網用昂貴的價格訂了第二天的機票回台北。

父親九十歲壽誕宴客在東方文華，結束後在飯店門口看不清楚階梯跌倒了，骨盆骨折、尾椎跌斷之外，大腿骨大轉子頭斷裂，必須打鋼釘進去。其實父親是很養生的人，每天固定運動、練太極拳，不抽菸喝酒又早睡，一直也還騎腳踏車活動自如，從來身體硬朗很少去醫院，進開刀房動手術對他而言簡直是極大的折磨驚嚇。

手術後父親一直不能適應，對於痛覺非常敏感且幾乎不能忍受，因此藥物不斷添加，除了止痛藥、抗生素之外，連帶高血壓、心臟藥、抗血栓、抗癲癇藥、鎮靜劑、安眠劑全都用上了。藥物照三餐吃，父親彷彿換了一個人似的，白天軟脫沒力氣出門，總是睡覺，睡醒了就抱怨疼痛，因為生活太無聊，開始嫌電視節目都是垃圾，看不順眼兒子媳婦和孫子，有事沒事就罵人，有時搞不清楚時間早晚，看家中沒人就恐慌，輪著打電話去君玉、君毅、君立的辦公室，鬧著：「我快死了，趕快回來，遲了就看不到我了！」剛開始大家都被嚇倒，開會一半想辦法開溜，或臨時請假回家，一路十萬火急坐計程車。一進家門看到老爸歪在沙發上睡著了，有時還若無其事哼著鄧麗君的小曲看報紙，氣得每個人哭笑不得。

狼來了好幾次之後，雖然回診骨科的時間還沒到，君毅還是提早掛號，骨科醫師聽說這些狀況，除了安眠鎮靜劑分量加重之外，又多加了抗憂鬱和癌症病人用的止痛貼片。

父親雖然骨折造成行動不便，但這種程度還不構成巴氏量表請外傭的分數計算，所以他們設法找一位上下班制的台籍看護照看著，父親的腰椎骨盆大腿肌肉疼痛雖然減緩了，但心情上他是絕不願意接受跌倒的事實，抗拒這個討厭又不方便的身體，憤怒連大小便洗澡都得靠他人攙扶，他的生活扭曲至此，他開始在看護下班後跟子女告狀，說看護如何如何虐待，如何如何忘了給藥，沒給飯吃，又不打掃，但是查證結果都不是事實，飯菜做得不但好而且還有剩，整齊地一盒盒放在冰箱裡，床鋪窗台和客廳浴室，雖然不到一塵不染，但是基本該有的整潔都是不錯的，藥物盒子裡的每一種顆粒都正常消耗無誤。父親在君玉面前說弟媳不給他看電視，又在君立面前說君毅很差勁，只會做表面功夫，其實都在背後說君玉不回家探望老爸，又說孫子最近都不懂得要跟爺爺打招呼了，回家看到爺爺就裝作看不見。老人並不知道那種種說詞和挑撥，就像一張薄薄的紙片，在每次手足 LINE 群組中直接被拆穿，四個孩子中，唯獨遠在國外的君傑沒有直接被老爸攻擊到。

老爸的人格改變直接挑戰身邊三個孩子的忍耐極限。君傑找到相關論文，發現這是憂鬱症和大腦額葉萎縮的可能徵兆。於是他們帶父親去掛老年醫學科，醫師也推斷老爸的憂鬱症越來越嚴重。老人的骨折復原速度本來就非常慢，藥物使用幾乎只有增加的可能，老爸的精神狀況越來越差，有時還伴隨著失憶和半夜不睡，呻吟或是暴躁地胡亂詛咒。

白天要工作上班上學的君立一家人已經無法承擔。君玉家中還有婆婆在，不可能接下照護的擔子，君毅一向怕老婆，大部分的錢都在老婆手裡掌控著，深深知道老婆是絕不可能答應照顧老人的。

君傑一回台北就聽到七嘴八舌如此這般敘述，在網路上隔空說不清楚的難處，全都當面直說了。這種情況下，他很難開口主張什麼。大家在外面的餐廳吃飯，為的就是別讓變得疑心病的老爸聽到討論，但是君傑整個晚上根本沒敢說出心中真正的想法。

距離下周一還剩三天。

晚上他住在弟弟家。這個家原本就是父母親的房子，四十年老公寓，四層樓的第四層兩邊打通，有七十幾坪大，共有五個房間，兩廳兩衛浴。父母早就規畫所有的孩子回家都有得住，前三個孩子各自結婚之後，君立才大學剛畢業，是最後成家的人。理所當然父母親就和君立一家人同住了。

頂樓有加蓋的一個大房間，是父親的書房，裡面卻也有母親的書桌和衣櫃。母親把加蓋的房間外圍都種滿花草果樹，還闢出一畦菜圃，小時候常常可以吃到自家種的新鮮絲瓜和葡萄，母親在的時候，屋頂上是熱鬧的，一家六口經常在涼棚下吃晚餐，看星星，君立結婚後，父母親仍然喜歡這個房間，樓下大半就讓君立一家人用。

母親中風後，葡萄藤和絲瓜蔓都枯萎了，花圃因為沒有人照看，雜草叢生，弟媳找人全部清走，如今是空蕩蕩一片水泥地面，一組戶外花園鐵桌鐵椅髒兮兮的，孤伶伶地擱在水泥地中央。君傑搬開鐵椅，略拂了拂滿是塵埃的冰涼椅面，倚靠在椅背上仰望夜空，今日深夜月明星稀，已經是深秋了。他聽到背後一跛一跛緩慢侷促的腳步聲，君傑回頭看到父親拄著拐杖站在房門口，即使動過大手術，他還是堅持住在頂樓。這也是君立覺得無法溝通感到非常生氣的其中一點。

父親仔細梭巡君傑的臉，彷彿在確認他的身分，半晌才失神地問：「聖誕節到啦，你放幾天假？怎麼雲金沒一起回來？」老爸雖然把時間搞錯了，還能清楚說得出雲金的名字，畢竟知道他是君傑吧。

他回答不出真正的答案，老爸似乎也沒有興趣繼續追問下去。父子兩人就這樣對坐在月光下，君傑很少單獨和父親這麼近距離的接觸。九十歲老人的手枯瘦，少了豐厚的肌肉支撐，皮膚是鬆垮缺乏彈性的，君傑很想把手覆蓋在那鬆垮的瘦骨上，但是怕父親又多問些什麼，君傑忍著沒有更多的動作。月光下老爸的臉頰凹削，陷入不知漂浮到哪裡的思緒中。忽然老爸大叫起來，「秀琴，秀琴，告訴你別這個時候拔雜草你就不聽，才三點多，再去多睡一會兒！」秀琴是母親的名字，父親轉頭很生氣地跟君傑抱怨：「你看她，就是堅持要做，大半夜了，以後不生病才奇怪！唉……」他的語調轉入低沉而細瑣，哀傷又溫柔地說：「要是生病，我也只好把你送安養院，是不是？說好了，別生病啊！……」就像母親在一旁，父親煞有介事地反覆兩三次，嘴裡又叨念一些含混不清楚的話。慢慢地頭禁不住往下沉，居然在椅子上打起瞌睡，君傑怕他著涼，想把他搖醒扶回房間去。父親一睜眼，伸出枯瘦的手撥摸君傑額前頭髮說：「我們家就你最會念書，去吧！去拿個博士，爸爸想辦法賺錢支持你！別怕！」老爸看到的是三十年前的君傑了。

君傑眼眶紅著，這句話讓他想起當年出國前許多焦慮與恐懼，如果不是老爸這句話，他恐怕要打退堂鼓。攙扶老爸回房睡下之後，時差的關係他應該也是整夜睡不著的，乾脆打電話回美國跟雲金商量，萬一說服不通，他是不是可以把老爸暫時接到休士頓住一陣子？電話還沒撥，他自己就否決了這個提案。美國的醫療動不動就是大筆花費，雲金三年前盲腸炎，一個腹腔鏡手術，在保險的情況下還自費七千美元，帳單上花費是十萬美元。以老爸目前的醫療藥物情況，萬一有任何閃失，是進美國醫院還是回台北用健保？又來不來得及呢？除了保險醫療的問題之外，還得請人看顧，看來接到美國住的想法，一切都與現實有很大的距離。

他還是撥電話給雲金了，似乎這樣才能好好整理他的思緒。雲金知道他是矛盾的，面對老父親，孩子怎麼做決定都是不完美。夫妻倆討論了一兩個小時，最後雲金還是鼓勵他，別忘了祈請靈氣，相信靈氣的力量，明天早晨也許會有奇妙的轉機。

週五早晨陽光燦爛，手足四人約好等看護來就去野柳逛一逛，君傑好不容易回來一趟，一起去吹吹秋天的海風也開心。君傑祈請靈氣給自己力量，終於鼓起勇氣說出在君立家裡請外傭的想法。君玉的茶喝一半愣住了說：「你不是認真的吧?!巴氏量表過不去啊！」另外兩個人也盯著君傑看，六隻眼睛眨巴眨巴，君傑不知哪來的一鼓作氣說：「我想辦法，我的大學同寢室有個好友一直有聯絡，是神經內科醫師，我回來前問過他，說是沒問題。我在國外沒辦法照顧老爸，請外傭的錢就讓我付吧！」

海風把君傑的每一句話都吹入耳朵裡，每個人聽得分明，表情卻各自變化。君立為難地說：「這不是錢的問題……」君毅瞪大了眼睛說：「你有沒有考量過君立的感受?!老爸現在連人格都變了！叫不到人的時候，什麼尖酸刻薄的話都罵得出口。」君玉直接失去笑容，激動地握拳說，「你什麼都不知道卻出這種餿主意。別以為你花錢是老大，你能夠，就把他帶去美國，這樣才公平！」

君傑從小和排行最大的君玉最好，任何心裡話都可以跟大姊哭訴，大姊什麼時候都挺他，現在這麼口不擇言，看來大姊多年來一直沒原諒過老爸。母親最愛大姊，也最遺憾大姊早婚，君玉結婚後還是常常回娘家，跟母親去逛街買衣服，一講電話就可以一整個下午。最反對把母親送安養院的人就是君玉，但是父親那時一句話，就把君玉擊垮了：「你有本事，把你媽接去你家照顧！」這句話讓君玉牢牢記恨，在母親過世後，幾乎不再跟父親說話。現在，君玉把這句話回報給君傑。

君傑知道這仇恨之劍是為母親出的力道，深深刺入他的心！他幾乎喪失繼續表達的意願了，他的潛意識轉向祈求，靈氣啊靈氣，真的打結了，這該怎麼辦？瞬間，君傑還來不及回神，自己已經脫口而出：「如果爸像媽那樣，我會後悔的！難道你們都不會？」這句話出口，君傑自己嚇一大跳，這是個最痛的忌諱，從母親安葬後就沒有人再開口提過相關的任何一個字，彷彿說了，一家人就會像沙子一般散了。空氣凝結了三秒鐘，君傑又要開口，君玉已經跳起來，指著君傑罵：「你、你滾回你的美國！」君毅立刻抓住君玉激動的手說：「別這樣，弟弟不是故意的，他也著急。」君立低下頭擦眼淚，大家都想念母親，再抬起頭時帶著內疚說：「老媽的事，都怪我沒有堅持，是我的錯！」君玉更憤怒了，從椅子上要站起來，被君毅按下去，君玉尖聲說：「不是你！你能堅持什麼?!當然是王進祥的錯！」

開啟溝通之前，靈氣必得先揭開已經結痂的瘡疤，重新縫合整復。王進祥就是他們九十歲年邁老爸的大名。當年母親中風，雖然癱瘓，言語說不清楚，但手術後逐漸神智恢復，左手還可以稍微動得了，凡事不耐煩又主觀的父親，平常是讓母親服侍得無微不至，反過來要服侍生病的老伴，對「嬌生慣養」的老爸來說，那是從小到老沒做過的苦差事，太艱難也太痛苦。

母親從醫院回家後一周，老爸竟然堅持將母親送安養院。每次他們四人去安養院輪流探望，母親嘴裡總是呢喃著他們聽不懂的句子，眼神是哀求的，過了一個月，母親逐漸不說話了，只是無神的張開眼睛盯著天花板又閉起來。安養院裡十幾床由兩名外傭負責，三餐定時從鼻胃管灌安素，兩三天把老人放到鐵板架上脫光抹肥皂，用蓮蓬頭沖洗。誰也不知生不如死的母親藏下每天晚上的安眠藥，兩個月之後服下所有的安眠藥，送去醫院洗胃時已經斷氣了。

野柳的風景是看不下去了，母親的事情一挑起，四人乘興而去敗興而歸，一路上君毅開車，但誰也不想開口說話，車子裡的氣氛僵持著低氣壓。直到傍晚，君傑還陪著老爸看電視，君立卻上頂樓來手足無措地似乎想說什麼但沒有開口。老人看到君立乾巴巴靠牆站著，嘴裡說些無關痛癢的颱風新聞，煞有介事地招手叫君立過來坐，拉起小兒子的手說：「如果颱風來了，我這個樣子肯定逃不遠，你們別管我，管我大家就活不成了，去吧去吧，都逃走，活命比較重要，知道嗎?!」他也許是個壞丈夫，但是確實是位好爸爸，君立伏在老爸肩膀上鼻子吸著。過了許久，君立回頭跟君傑說：「我們下樓商量吧！」

君立願意讓君傑試試看找朋友開巴氏量表，君傑堅持出錢之外，承諾每年至少回來全天候照顧老爸兩周，略盡一點孝心。他們又在群組中詢問，君毅沒有反對。與母親的憾恨連結最深的君玉還無法完全熄火，根本不回應，但是稍晚直接打電話給君立，表示如果弟媳同意，她這個做姊姊的也沒理由堅持一定送安養院。大家都從父母相互對待的矛盾情結中後退一步又抽離一些。

改變決定雖是複雜麻煩，起碼事情已經鬆動了，就算有大轉機。將來還有許多瑣碎的問題存在，一切都是人生第一遭難題，所有的關卡都是現在進行式，不過，親愛的老爸，我們願意盡力。

當孩子看到父母親焦慮憂愁，或是吵架不和，最先出現的是苦惱，接著是好奇誰對誰錯，然而因為無法承擔，大部分人最後會很想選擇逃走。父母親結合時並沒有也不必經過孩子的同意，所以孩子如果想往上插手父母關係，從有限的角度判斷父母哪一方是清白者，哪一方是罪惡者，甚至涉入父母之間的調解，往往事倍功不見得至半，不但如此，還要因為負荷著幾乎無解的情緒垃圾，從此生出更多的挫折與不幸。雖然理智上知道這一點，但是能保持理性不介入父母糾紛的人卻少之又少。因為實在太難了！

在進入靈氣的自我療癒過程中，會遇到每個脈輪的檢視，這些情緒垃圾會被放大或拉出，唯有如此才能看得更清楚，作為子女只能尊重父母親的人生與選擇，同時感恩父母給予的一切，包括身體、養育，所以西方靈氣常常將臼井甕男博士五守則中的感激一切與善待他人，衍伸為敬愛父母以及善待眾生。

合掌靜心，祈請靈氣無私的光芒沿著脊椎清洗，深深地呼吸，感受每個脈輪的振動能量，亮白閃耀的正向大能穿透喉輪驅魔大衛星，根源於父母親所有的負面能量轉換成正面的支持力量，那麼掌握命運的智慧火焰將隨著更深的覺醒點燃。

沐浴在光中——走上療癒之路

找到光譜的方法很簡單，只須把三稜鏡放在陽光下，並且鋪一張白紙，白光就能在紙上分解成紅橙黃綠藍靛紫的七彩，動物的眼睛能看到比人類更多的色彩，比紅色波長更長的光是紅外線，比紫色波長更短的光是紫外線，因為灰塵會遮蔽色光與色光之間較弱的光子，如果用好幾倍的放大鏡認真細察，七彩光與光之間是被整齊黑線劃分間隔的。

光明與塵黯並存在這可見的物質世界。

陽光普照的同時，地球上每種生物細胞也呼應似地放射出紅外線，所以遠紅外線照相機可以攝影出人體的熱度顏色分布，負責指揮全身的頭部和內臟區域最紅，距離心臟遠端的四肢則通常呈現藍色，其實我們原本就是個小光體。

每日我們呼吸著看不見的空氣，感受著連影子也沒有的憤怒與焦慮，被起伏不定的思緒帶領著，口渴的時候用有形狀的器皿，裝著無法固定形狀的水，水面映徹的光穿梭在解離的影像碎片中，如同五味雜陳的情緒，幾乎沒有充分的機會釐清，時間就在混亂中流逝。

回到古老的理解，物質世界就是地水火風，地是人們的身體，也是大地，水是維持基本生存與任何和流體相關的物質，火是光與熱，風就是空氣。空氣、水、光都和人們的思維一樣，不但一閃即逝，而且極不穩定，從來沒有可靠恆常的形式能帶來安全感，有時連腦子裡的想法都是跳躍無法捉摸的，更何況是外在，於是世界上充滿了挑戰與正負面的人事物。

開啟心念

於是，人們逐漸忘了自己也是個小光體，或者根本不明白小光體很容易就能夠連結到大光體的事實。這個事實最具體的述說就是，在需要的時候，距離我們最近、唾手可得又完全免費的宇宙最大資源，其實只需要一個心念的小開啟，就可以源源不絕地接收取得。

是的，就是心念。

心念。說得再踏實些，就是心的力量。結合了第三眼、髮際頂輪以及心輪的運轉。心輪就在每個人的兩乳之間，從心臟中央往體表前後張開，宛如兩朵盛開的百合。第三眼在兩眉之間，這裡面包括了理性的大腦前額葉、全身賀爾蒙的指揮官腦下垂體以及松果體。頂輪從前額髮際到頭頂中央百會，包含了大腦的感覺神經以及運動神經。

我們的身體和地球上所有的動植物一樣，由千百萬兆個小細胞組合而成，可以追溯到最初的單細胞藍綠藻，從那無意識的生存狀態，無法感受火熱與冰冷，沒有情緒的高低起伏，不能判斷是非對錯表達感受。進入多細胞結合的動物植物狀態，生命形式就出現了各種複雜的感知，動物們有眼睛鼻子嘴巴，可以呼吸有心跳與情緒，真是奇妙的演變！

於是心念可以完全左右各種動作行為的決定，飢餓的獅子看見獵物會毫不猶豫地捕食，開心的父親會無預警請全家出門去吃一頓好吃的晚餐。

心念來自無法分離的身心靈合一體，身體。

當我們合掌靜心以及祈請更高能量的光與祝福時，必須先放掉日常生活中各種層面的煩惱與憂傷，無條件專注在單純的交託與信任中。

把煩惱憂慮交託給誰？又能信任誰呢？這是個太切實際又太深奧的問題。

先捫心自問，我願意真正信任我所信仰的宗教嗎？或者，我沒有宗教信仰，那麼我願意相信這個世界有看不見的力量嗎？再進一步，那些力量中，我願意相信有更大更無法動搖的正向力量嗎？這個正向的大光明，沒有任何名稱，只是不斷地以各種共鳴的形式呈現在不同的人群民族中。

自從四百多年前哥白尼發現了地球繞著太陽轉，接著人類繼續發現其實太陽又繞著銀河轉，銀河可能繞著宇宙更大的中心旋轉，科學家們透過哈伯望遠鏡估算這個宇宙大約是一百三十億年，而地球存在不過四十六億年，如果把宇宙誕生至今每一億年當作一個月來計算，我們的宇宙才一歲多，在這一到十二個月的時間中，地球誕生在八九月的秋天，到了快要跨年的十二月最後幾天，人類才開始從猿人直立並且發生文化，而最古老的文明如埃及、印度以及中國，不過是十二月三十一日的最後幾個小時才出現。

在這樣的宏觀中，我們有理由認為，所有的宗教都是各民族獨特的文化精粹，每一個民族在摸索的過程中，用自己的理解與虔誠的心念，創造了接觸進入正向的光能量最有效率的儀式和方法，那就是宗教。而眾神、上帝、諸佛菩薩，都是宇宙大光明的一部分，光與光之間當然是可以溝通的，教派名稱雖然歧異，本質卻是相同的。

當人們靜心祈禱時，無條件的虔敬與信任會震動心靈與那宇宙深處的大光明發生共鳴。

永遠記得，人體是小光體。有些人的心輪發出的是平靜的藍光，有些人是智慧的紫色光，另一些人是帶著力量的紫紅色光，光的震動波結合人們純淨的信任，很快就能讓小光體融入大光體，於是小光體中的煩惱與負面意識，就能在大光體中轉換、充電與得到光亮的改變。

靈氣沒有宗教的界線。也並不是宗教，而是作為一種接收正向能量的方法與工具。只要願意接觸學習，都可以完整進入這個方法，進入無限深廣的宇宙金庫，與正向的光能量共振，分享光能量無盡的祝福。信任，將開啟靈氣學習的道路。並且成為靈氣與光的傳遞管道。

信任

既然無條件的信任是進入靈氣學習的第一條件，那麼再一次重新用信任交託的態度檢視靈氣五守則，可以獲得不一樣的理解。

守則一，就在今日，不生氣。以信任作為基礎，其實這條守則可以翻譯成：就在今日，我相信當下所發生的任何事件都是有意義的，可以讓我認清事實，並且理智地判斷應該如何處理面對。在這裡，批判自己與批判他人所導致的生氣，只是內在小孩成長的過程小階段，理智伸手拉一把，內在小孩就能超越批判，進入寬廣又精采的人生視野。

守則二，不擔憂。任何事件發生時，我信任並且將最焦慮的事件細節交託給靈氣，光的力量將引導我往最正確的方向前行，我能掌控的，我將盡我所能。至於我不能掌控的部分，交託給靈氣，任何人事物都將必定得到最合適的安排。

守則三，充滿感激。感謝所有美好的過去讓我得到喜悅，感激所有不美好的過去讓我得到學習與成長。信任每一時刻的現在和未來，都在靈氣的光中共存並且得到祝福。感謝最根源的生命土壤，我的身體，以及給我這個禮物的父母，不論他們是否給我除了身體以外的更多，或者剝奪除了我的身體以外的更多，我都願意珍惜這份禮物，因著這份禮物，我可以爭取我要的人生，並且得到發展。

守則四，貢獻自己在自己的工作上，做好本分內之事。找到自我最真實的價值，信任自己的能力與養成可以勝任工作上所有的挑戰，相信努力與付出可以得到這個階段充分必要的學習，當學習與成長陷入困境時，交託給靈氣，信任下一個階段的學習與成長即將來到。相信負責盡本分的道路終究能夠走向光亮。

守則五，和善待人。在不斷變動的人事物中，信任靈氣的光能量可以幫助我理性冷靜地觀察，知道自己所需，也能了解他人所想，和善可以緩下自己的情緒，也就能圓融事態，清明的理解與智慧即可取代暴怒急躁，再難的人際關係也可以突破，迎刃而解。

五守則的內涵的確每一則都是手指指向自我。自我的每日反省與靜心洗滌，並且交託外在的困擾給最信任的靈氣，合掌靜心、靈氣所給的直覺啟示，就成為靈氣使用者最有力的能量累積。

洗滌

要一個非常容易煩惱憂慮的人，無條件立即放下所有的煩惱與憂慮，幾乎是一件不可能的事。走上靈氣療癒之路的第一步即是自我洗滌。沐浴在靈氣與光的能量中，從練習接收靈氣到成為靈氣的管道幫助他人，我們並不也無法真正清楚，靈氣是如何一點一滴地轉變身心靈，從負向到正向，也許經常影像思考的人會直接看到光，另一些人則有身體發熱或手掌震動的感覺，某些平日習慣負面思考的人會不由自主地哭喊發抖，也有人一點感覺也沒有，只是感受到內在的寧靜與平和。因為人們是導電小光體，進入靈氣大光體的接收，個人的經歷在光中也會以最獨特的方式與光粒子發生化學反應，這不是考試，沒有形式的標準答案，所以也沒有比較的必要。

每日洗滌練習，記下與家人朋友的互動，夜晚的夢境，周遭的回應，甚至，事件意料外的轉變。逐漸地，從練習到習慣呼喚祈請，可以越來越快速感覺到靈氣的高能量震動經常在左右。

成為靈氣管道的每一個人，都能透過雙手傳遞靈氣最好最大最合適他人的祝福，幫助他人從痛苦中緩解出離。幫助自己的靈氣也可以毫無限制地幫助他人，這是多麼美妙的經驗與想法。

身心靈合一的身體，不但具足所有自我療癒的內在種子，也具足所有幫助他人的光連結。

初學者經常最想幫助最親近的人，慢慢擴及朋友、同事或者不熟悉的他人。靈氣的手法技巧在臼井甕男博士的教學小冊子中非常完整。最初的靈氣手法可以針對內分泌腺體，或是肌肉的疼痛、筋骨關節發炎以及思慮憂鬱過度。這些標準手法在西方靈氣的傳承中變得更有彈性，往往直接把手放在受療者最疼痛的部位，專心祈請靈氣給予對受療者最好最大最合適的療癒力量，就能有顯著的緩解效果。

每一次的嘗試練習給予之後，再問問他們有沒有疼痛程度的變化或緩減，以作為靈氣給予的回饋與印證。慢慢的，從周圍親人朋友的反應回饋中，也能感受到更多靈氣能量在不同的情況下顯現的顏色熱度。

靈氣中的紅色光代表對方需要活力。橘色光代表受療者需要更多的愛以及溫暖。黃色或金色代表對方比較憂鬱或者處於多煩惱的情況，需要明亮的洞見穿透複雜崎嶇的內外情境。綠色代表身心毒素較多，需要排毒。藍色代表對方經常過分衝動或急躁焦慮，需要安全感與穩定冷靜。紫色代表對方比較短視欠缺遠見，需要更多的智慧。

最後，光譜總合的白光，代表無所不知的靈氣送出對被療者最好、最大、最合適的祝福，那也許不是哪一種光可以單獨解決的內在清洗。

給予他人靈氣的治療之後，必須從他人的能量中抽離，除了祈請告知靈氣給他人的治療結束了，也還要有靈氣的自我洗滌。因此，走上療癒之路意味著，每日早晚合掌靜心，祈請，讓靈氣融入生活中，晨光與夕陽、暴雨與微風，靈氣無所不在。

珍貴的土壤

辛苦憂愁的時候，別忘了在藍天下仰頭深呼吸，在微風中看見白鴿停在窗台上，在毛毛雨中散步，大地就會慷慨地讓你遇到一朵美麗亮紅的木槿花。在靈氣中閉起眼睛感激一切時，各種小奇蹟會在平凡無奇的生活中迸出七彩的火花。

意外的喜慶

第一次認識傅老爹，是在傅老奶奶九十九歲提前做一百歲壽宴時候，酒店場面豪華氣派，我和傅老爹、傅媽媽一桌，老爹已經七十幾歲，高粱酒三杯喝下肚，就開始數落百歲老奶奶如何忽略他這個家中老二：「從小我老娘就只疼老大和老三，她生了三個兒子就好像只有兩個，那個年代有外國人開的游泳池，她在池子裡只抱我弟弟，那時我也才三歲，就是不抱我！你看多偏心！」他邊說邊挑起花白的眉毛，滿臉皺紋中的表情卻真的像個忌妒的幼童，我忍不住好奇問：「您三歲時候的事記得這麼清楚，可見得您真早慧！那時的風氣，廣州游泳池裡也有婦女嗎？」

這問題切對重心似的，傅老爹一開話匣子就說個不停，卻沒有認真回答我的疑問，總繞著老奶奶如何對弟弟哥哥好。傅媽媽聽不下去了，只用一句話打斷他：「你都七十幾歲了，賴著一百歲的老媽媽說偏心?!不怕靈氣老師笑話！」傅老爹不服，偏要對著我證明什麼似地說：「你教靈氣，一定知道這偏心是事實！不然為什麼我只分到一張祖產田契，大哥弟弟都分到兩張！」傅媽媽笑了：「那些田契根本就是紙片兒，又不反攻大陸，開放探親你也去過好幾次，能拿那些田契去換幾個錢嗎?成天吃些乾癟醋！」

傅老爹還要說什麼，台上年輕漂亮的宴會主持人忽然說：「請老奶奶和三位仍然身強體健的兒子和媳婦，一起上台，給我們這些後輩子孫沾沾長輩們健康高壽的喜氣，我們瞻望著將來也能這麼福祿壽俱足！」傅老爹一聽，表情立馬煥然，拉著傅媽媽積極搶先走去攙扶到老奶奶，其他兩對老夫妻並不在意，只跟在他們後面。看得出來，傅老爹對老母親的抱怨雖然已有七十幾年，希望得到母親的讚賞和全部的愛卻也一樣久。

傅家的長壽基因很明顯，三個兄弟公職退休後，都喜歡練太極拳每天運動，家事不勞請外傭。傅老爹更絕，將近十年前，六十五歲退休後，把台北市的房子賣掉，到台東買一塊一千坪的農地，中央有一個兩層樓的農舍。夫妻兩人就開心又辛苦地嘗試了一年多，終於宣告自己已經成功的成為農夫村婦。他們種甘蔗、地瓜、玉米、紅蘿蔔、白蘿蔔以及各種蔬菜，只差沒種水稻，每天日出而作日落而息，成為名副其實的老農。

壽宴一年多後，我選在距離淡水河出海口不遠的地方居住，可以看到寬闊的天空和漲潮落潮，一年四季不斷地聽風聲在窗外呼嘯，大塊的高樓風景，只允許一小片子的陽台架出鋁格花園。

因為喜歡橘皮的香氣，所以秋天以後的柑橘類產季一開始，不論是柚子、葡萄柚、柳丁、橘子、沙糖橘、小圓桔子、金棗甚至檸檬，吃剩的種子都被蓄意鋪撒在不同的小盆栽中，待春天全部發芽了。綠蔥蔥的葉子除了形狀都很像，分不清誰是誰之外，澆水搓摩著葉子居然也都有了橘皮的氣味，是毛毛蟲們最天堂的食物。

橘葉，味苦氣香，本草記載可以疏肝解鬱，行氣消腫毒。古代採藥者的智慧經驗說，蟲兒喜歡吃的葉子一定無毒，嘗試入藥無傷，又多能止痛。雖然知道世界上先有蟲才有人的必然道理，看到被毛毛蟲咬得七零八落的葉子仍然心情不舒坦。

傅老爹聽說我的困擾，上台北時特地來淡水作客，當他看到我的小陽台花架時，吃吃笑著說：「不如把這些果樹苗都移到我那兒種吧，在這麼小的盆子裡密密麻麻擠著，土壤只有一點點，苗株都吸不著養分，能長到多大呢？沒有大片土壤就算了，這高樓的風呼來喝去的，要等多久才能開花結果?!」

他說得我的心涼了半截。這些評語才講完，又翻看幾片蟲子咬過的碎葉子，沉吟一會兒，憐憫地出了一個主意，為了混亂蟲兒聞到的橘葉香氣，傅老爹幫著去市場買來整把又紅又肥短的朝天椒，先拿出一兩顆剁碎泡水，剩下的裝入網袋掛在屋簷下風乾，來日可以一兩顆一兩顆慢慢用。

依著老農的指示，泡過整整一天一夜的辣椒水一掀蓋就十分嗆鼻，仔細噴灑在苗株上希望嚇壞蝴蝶，別在可愛的橘葉上產卵。辣椒水噴罐都灑完，把噴頭轉開，連底部在少許水中晃蕩的辣椒皮籽也一古腦兒全倒進盆栽中，就希望連土壤都辣呼呼的，蟲兒壓根連土都鑽不進去。

辣椒水連續灑灌五六天，仔細檢查橘葉片，果然蝴蝶蟲兒都不來了，但是另一樁意外卻莫名其妙地發生：辣椒子發芽了！小小辣椒先張開兩片狹長綠芽，很快地抽出更多的對稱葉片，往陽光空氣水分充足的天空伸懶腰，幾天之內就高過好不容易抽出四片葉子的砂糖橘，短短的三個多月撐起五十公分高，枝幹也變粗，密密的枝椏分岔長滿的細長葉子，在這十幾層樓高的迴風中晃盪。又過兩個月，白柚在眾多苗株中茁壯得最快，葉片也最霸氣，隨風搖晃的辣椒卻在枝端開始結小穗花苞，低調的小白花瓣往下垂，朵朵輪流開了又謝，家中沒有人喜歡辣椒的腥刺嗆味，但是看著小白花枯黃收萎，卻期待花謝了能結出綠色的果實，日日等待，結果卻總是整個花枝從椏杈掉落，完全沒給花房長大的機會，真讓人失落。

萬能網路上有各式各樣的辣椒種植愛好者，也有專門研究辣椒種植的社群，把自家辣椒小樹開花不結果的圖片貼上，果然引來許多能人達者熱心地七嘴八舌留言建議。

「看葉子那麼大，陽光一定不夠，花才會一直掉！」

「很明顯，盆子那麼小，土壤那麼少，肥料也不充足，根本營養不良啦！換盆加土加肥料吧！」

「辣椒長到十五公分左右就要摘心，所謂摘心，就是把尖端長出的葉子摘掉，讓整株辣椒樹變得肥肥矮矮，營養就不會老到不了花朵和子房。」

「辣椒葉子太多了，有機肥料撒再多也不會結果，應該多摘掉些接近盆土的葉子，下面沒那麼多大葉子，上面就能結果實了。」

眾說紛紜，但都非常有道理，全都照做了。把盆栽換一個方向多多曬到陽光，又摘掉上下多餘的葉子，撒下有機肥料，能做的都做了，又過了一個半月，還是一樣只開花不結果，真令人氣餒。

於是傅老爹又被請來瞧瞧這些辣椒樹到底怎麼了。他在小陽台輕輕踱步，笑咪咪地說：「你的辣椒樹長得挺好，盆土也換大些了，沒問題呀！倒是你的橘子柳丁白柚檸檬擠得它們水洩不通不能呼吸啦。再過幾個月，那些樹苗還是一樣大小，但是辣椒可就結果子了。辣椒本來就能多花多結果，但是很慢熟！」原來辣椒要發那麼多小花是因為辣椒小樹成熟得很慢，小花不斷地開又不斷地掉落，直到土壤空氣陽光水的能量完全充足了，才會開始結果實，過程大約需要七八個月，一點也急不得。

「耐心啊！要有耐心！」有老農的金口保證，我又多了一些貪心。「那您看橘子柳丁哪時候會結果子？」我說出這句話，惹得老農哈哈大笑，就像是聽到什麼太有趣的笑話，一時之間我感到有些發窘。

「既然你教靈氣，何不給它們一點靈氣看看奇蹟會不會發生呢？」傅老爹沒學過靈氣，但是他大概常常聽傅媽媽說，這麼打趣，使得我一時反應不過來，竟支支吾吾說：「是喔？那我來試試……」傅媽媽在一旁也掩嘴笑起來，老爹收起笑容說：「對不起，我不是嘲笑你。種果樹要更有耐心，柑橘類的果樹需要一年到三年的幼株培養。那是指在大片土地上。你這小盆栽……」傅老爹搖搖頭，我早已心領神會，幫他補充了一句：「何況土壤這麼少！」老農點點頭笑著，手指了指說：「這辣椒是一年生植物，上天為了保證辣椒的繁衍，就是讓它們多開花，直到吸飽了天地之氣，就算土壤再少，生命力也非常強韌，時間到了自然會結果。你看市場上不論哪種辣椒都便宜，就知道辣椒有多容易長。每一種植物有自己的個性，就像人一樣，都不能勉強。」

既然老經驗都這麼說了，我對於橘子樹苗就先不必抱著希望，把心情都寄託在辣椒上。三月發芽的辣椒，經歷颱風豪雨，太長的枝椏折斷了又長出來，在大風大晴天來來去去中搖擺好幾個月，枝頭總堅持著小白花開開落落，磨蹭著人的心情都不再往結果期盼時。深秋十月中旬某一天，忽然發現滿枝椏枯萎的蕊芯裡已經結出聖女小番茄大小的綠色辣椒，那麼不顯眼，讓人以為都是綠葉，再過兩三周，立冬時節，矮矮的辣椒樹上毫無防備地，到處掛滿由綠轉紅的辣椒粒，鋁格花架上充滿喜慶。

再惡劣的環境，只要每日澆灌著希望與祝福，就算是一年四季颳著風裡的盆栽也會開花結果。這一切都必先感謝能讓種子發芽的土壤，就算是那麼貧瘠少量的土壤，強韌的生命力仍然有自己生存的方法。生命的終極根源是土壤，站立在大地上最強韌堅固的支持力量，就是根芽枝幹與土壤的連結。

人們的土壤與枝幹就是身體。最初的身體從父母親而來。人人心中都有一對完美的父母，經常以完美的父母批判現實中不完美的父母。批判經常撕裂親子之間的緊密關係，那麼土壤與根幹連結支持的力量也會逐漸流失。父母並不是開悟的聖人，他們只是平凡人，在他們有限的人生命運與經驗選擇中，有可能做出各種錯誤的判斷，甚至在子女成長過程中半途消失。

只有非常少數的人，他們的父母親是一望無際的草原大土壤，任由孩子如何奔跑也能安全又自由地長大。有些父母是貧瘠的山坡地，充滿了泥沙碎石，大部分父母則是公寓陽台上的大盆土壤或小盆土壤，只能在有限的資源中給予。還有一些父母是水溝裡的爛泥巴，但是照樣長得出小草野花。這個世界有多少樣貌的人，就有多少樣貌的父母。

討厭父母親，覺得自己的家很小很髒亂不像樣，這樣的人會深深地討厭自己。覺得自己總是沒有辦法得到別人的認同，甚至老覺得應該要去整形變美，才能賺到足夠的錢爭取到想要的愛情，或是一直希望別人給予更多的愛與掌聲。向物質世界無盡的需索要求，卻總是得不到時，身心將逐漸生病凋萎。

人們承接父母所給予的土壤，自己成為父母時也給下一代土壤，每一種樣貌的父母製造出的土壤都很獨特，因此放眼望去的世界充滿不公平、矛盾與不滿。然而能夠出生在這個世界上，在空氣中哭泣，在陽光中呼吸，在雨水中得到滋潤，每一位父母所給予最珍貴的禮物，並不是物質世界的養育，也不是精神上的保護和疼愛，而是獨一無二的個人身體。因為這個身心靈合一的身體，剛出生的嬰兒只是小小盆栽，只擁有一點點土壤，奠基在這最初的生命土壤，人們得以從小盆栽更換成為中盆栽，為自己添加肥料換成大盆栽，爭取無限的滋養機會與創意奇蹟，善於把握機會的人甚至能將自己移植到更大片土壤，最終獲得一片意外發展的天空。

對於這份最初的土壤，人們願意自我珍惜還是自我放棄？想不想張開雙手擁抱源源不絕的陽光、空氣、雨水？全都在於自由意志的取擇。命運被想法左右著，而想法如果被情緒淹沒，那麼情緒就能完全主導命運。

這一切，都可以在光中轉換。

流竄的火焰

拍桌子罵人，或者在沒有人的房間裡摔枕頭，不論如何好修養，我們都有因為憤怒而吼叫的時候。這種時候特別難安靜下來，就算祈請靈氣，可能也無法把心情扭轉回來。

塔羅牌的其中一張，戴著桂冠的詩人一面吹著笛子流瀉他心裡的感受，另一手卻倒掉水瓶裡的水。音樂和流水都是情緒起伏的顯像表達，音樂代表嘈雜的情緒發作，流水代表即將面臨災禍，如果這兩種意象出現在夢境中，經常就暗示著第二天可能會遇到突如其來的意外憤怒或衝突。

憤怒的背後很有可能是很多的委屈以及不平衡。最苦悶的是心中有一團火焰就關在連門縫也沒有的心靈空間裡。當火焰從最深的谷底往上竄的時候，笛子的吹奏便是尖銳的，瓶子流出的水是湍急的，沒有幾個人可以悠閒地擺脫這些尖銳和湍急，氣定神閒地跳脫當時的角色，觀看自己如何吹奏又如何將水瓶倒瀉。

在各種情境中，摩擦就像亙古以來就存在的野火，隨意一點火星就能引爆燎原。

作為上班族，總是被工作和周圍的同事以及外圍的要求所壓迫。作為家庭主婦，總有做不完的家事和家人的需求以及各種想像中必須完成的瑣碎。作為夫妻，老是覺得自己比較委屈、付出得比較多。作為父母，總有擔心不完的焦慮以及被小孩嫌著多此一舉的苦悶。作為子女總是必須在老年的父母面前，安排自認為恰當的活動，並且疲倦又無條件地接受所有的不滿意與指責。

這些都是在生活中難以細述的情緒，累積久了可能連自己都不知道為什麼會不開心，又為什麼在某一個小事件出現的時候，直接點燃爆炸。那一股流竄的火焰，就像不定時的瓦斯，會發生最可怕的意外氣爆。

詩人牌卡的指稱，就是從情緒中釋放。這麼簡單的一句話，卻是每個在情緒中的人都非常困難做到的。

看手機的條件

一支最新的黑色蘋果手機靜靜趴在桌上，勇次下班進門第一眼看見桌上那個小長方塊，內心就欣慰了一半，那表示國三的兒子漢文真的乖乖關在房間裡做評量、背英文句型，或者是寫數學。不論如何，他這個做高中老師的爸爸，算是和孩子約法三章成功了。

孩子一貫需要的任何物質，岳母和老婆總是在孩子沒開口之前就準備好。這是違反勇次的教育規則的。太太秀婷在精品業上班，是超級業務員，花錢絕不手軟，身上的穿戴總是完全極品。當然家中唯一的兒子該吃該喝該打扮的，也絕對不小氣。

這一點勇次如何溝通都沒有用。孩子從小就知道某些潛規則。在漢文還很小的時候，秀婷去歐洲出差十幾天，岳母就會安撫著吵鬧著要媽媽的孩子說：「媽媽去賺錢給你買最喜歡的玩具啊！要不然你的玩具都這麼高級，爸爸買不起，只有媽媽能變給你。」三歲的漢文邊丟著智高積木，邊瞪大眼睛問：「我想要的媽媽都能變出來嗎？」岳母隨便哼一聲，把湯匙裡的飯菜塞到小孩嘴裡，應付地說：「對啦對啦，把這口吃掉！」勇次在一旁是不能出意見的，否則岳母就會狠狠瞪他一眼，反嗆他：「一個高中老師一個月到底可以賺幾毛錢啊？要不是你老婆努力工作，你們今天可以住這個信義區的房子嗎？」

岳母在世的時候勇次是沒有地位的。四年前岳母過世後，勇次依然沒有地位。秀婷用瞧不起的眼神看著他帶兒子去買路邊攤球鞋和T恤。他們父子開開心心逛夜市的時候，永遠沒有秀婷的參與。她認為路邊攤品質很差，路邊的小吃又髒又不健康。只要秀婷辛苦工作回家，勇次一定好好切了一盤水果送上，老婆大人吃完了，勇次就收回水槽洗洗，放回碗盤原位，一切家務事不勞太座。勇次下班後第一件事是煮晚餐和兒子一起吃，晚餐後收拾看個電視，再去兒子房間盯功課，怕兒子讀書讀晚了肚子餓，他也會下點水餃，或是自己做點兒子喜歡的滷味。然後夜深了，還去看看兒子有沒有好好蓋著被子睡覺。

總之他是個好先生好爸爸。只是花錢用錢的觀念從來就和秀婷天壤有別。

對於不常在家吃飯又多半時間飛來飛去出差的媽媽，漢文沒有太多可說的話，但只要他願意，他就去媽媽身邊靠一下，說點甜言蜜語，再向媽媽抱怨爸爸非常小氣，手機掉到馬桶裡，撈起來又滑脫在浴室地板，不但浸水，面板也裂掉了，修都修不好，還要他忍耐，用爸爸舊的爛手機，他生氣地跟媽媽告狀說：「這樣我要怎麼和朋友一起打電動？還有，我們都在等ＧＧＬ（韓國女天團）最新的演唱會，她們的長腿跳舞簡直完美無缺！沒有好的手機功能，要下載都慢死了，誰有時間耐心等啊！爸爸真的太不懂事了！」

爸爸什麼都好，就是小氣全世界公認的，漢文知道這麼說媽媽一定會飛速滿足他的需求，立馬帶去手機店買最新的iPHONE X，最酷的黑色外殼以及原裝套子！

勇次在一旁看著，什麼話都說不出口。因為他知道說了只會爆發衝突，他是個完全不喜歡衝突的人，不，應該說，他從小就害怕衝突的，還不是普通的怕而已。忍耐是他的強項，凡事都忍，都讓，壓抑對他而言是家常便飯。他不是怕衝突時老婆會生氣，或者小孩會抓狂，而是怕自己火山爆發後無法控制。失控的憤怒發生時，連自己會做出什麼事都不知道。

結婚前他爆發過一次，那次他當著丈人及丈母娘的面摔掉好幾瓶陳紹，借酒裝瘋，甩那時候的女朋友現在的老婆兩個耳光，女友因為驚嚇而出血，肚子裡的小漢文差點沒了。

結婚後在小孩五歲時，他又發作一次，這次是喝掉五瓶好年份的紅酒，醉了就顧不了斯文，那時岳父已經過世兩年，勇次指著岳母的鼻子罵三字經，把過來維護自己媽媽的秀婷摔到牆角，雖然他還有理智收著自己的拳頭沒揍下去，最後是秀婷下跪求饒才真正收起恐嚇的臉，算了。

正常時候的勇次完全沒有一般男人的臭架子，像韓劇的男主角一樣體貼，只是錢賺得少，沒其他缺點。天下沒有完美的男人，秀婷當年被甩兩巴掌之後，父親曾經極力反對這樁婚事，甚至揚言女兒生了孩子就自己帶，沒什麼了不起。秀婷就用「天下沒有完美的男人」這種論調說服爸爸。她知道勇次的脾氣。他會忍耐到世界的盡頭，然後再多一根羽毛，就會無法控制地火山爆炸。所有的人都可以無視於他的存在，但不能一而再再而三地羞辱他。

然而秀婷是個豪爽大條的女人，有時根本不知道某些情況對細心的勇次而言，已經是一種不偏不倚的羞辱了。

手機買到的當天晚上，勇次帶著漢文去補習班，沿路上勇次就和孩子反覆商量，一天可以看多久時間的手機，買到新手機應該要在這次模擬考和段考得到多少進步，每次補習班老師都要求的數學成績要達到多少標準。這些都應該是得到新手機的代價，「要是不做到，那爸爸還是要把媽媽新買的手機暫時收回保管，你就用爸爸的舊手機，可以聯絡就好！」

爸爸漫天喊價，兒子就地還錢，兩人邊走邊討價還價，漢文說：「這樣太不公平了，那我讀書寫評量的時間那麼多，只能看手機半小時?!和朋友 LINE 說說話就半小時過去了，哪有時間看跳舞啊？」漢文兩手亂揮爭辯著。

「那個什麼韓國天團，總是跳些性暗示的舞步姿勢，沒水準得要死，沒時間看也很好。」勇次隨口擋掉漢文要求更多的看手機時間。

「阿爸，你真的很俗很不懂欣賞耶！那是很高級很難的舞步，我問過街舞社團的老師，他們都說編舞編得太好了！多半個小時給我看手機會怎樣啊！」漢文繼續爭取。勇次就不再說話，用沉默告訴孩子這是不被允許的。漢文的生活細節都是父親帶著安排著，連補習時段上下課都是勇次接送。漢文只好莫可奈何地接受。

這樣過了兩周，每天勇次從學校下班，就很安心地看著桌上的手機，覺得兒子真是聽話。這天晚餐煮好後，他忽然想，今天是周五，應該犒賞一下乖兒子，也許讓他在周末增加一個鐘頭看手機的時間，兒子一定會開心得跳起來。下載影片很耗電的，那麼是不是應該先幫他充電比較好？這麼想的同時，勇次伸手拿起桌上每天都用同樣姿勢趴著的手機，一拿，手上似乎摸到螢幕裂痕，又摔壞了嗎？反手翻過來，在原裝套子下，居然是舊的那只摔壞的手機。

一點星火從眼前擦爆，迅速燎原，怒火漫過每條大腦皺褶，出現兒子和秀婷一起嘲笑他的臉孔。今天秀婷不在，去巴黎出差了。那對母子躺在沙發上指著他說「爸爸最小氣」的聲音猶在耳傍，現在那些聲音卻宛如戰鼓敲徹他的每一根神經。恍惚之間，他已經走到酒櫃旁，伸手拉開酒櫃玻璃門，他的最後一絲理智知道自己快要發作了！

電話鈴及時響起，他深深吸一口氣，內心深處忽然鬆開，感謝這通電話，一接起，是秀婷從機場打回來的聲音：「老公，你們都好嗎？我要起飛了，我愛你們喔！」勇次拿著電話筒的手發抖著，卻語調平靜地回說：「到巴黎了記得打電話回來報平安！」

電話掛了，勇次的手兀自發抖著。他該怎麼辦？他該拿自己怎麼辦呢！他知道自己的情緒生病了，慢慢坐到沙發椅上，像個完全無力的老人。他怎麼能讓摯愛的孩子暴露在自己這樣的不定時炸彈中？

呆坐很久之後，他開始滑手機，決定從網路找一些情緒管控的課程求助。無意識地不斷滑著手機，這個動作正在一分一秒過去的時間中給他一點無助的安全感。時間似乎又過了很久，他感覺身旁有個溫暖的呼吸聲，轉頭一看是漢文，「阿爸，飯煮好幹麼不叫我？很餓耶！」

這句話是壓倒無限膨脹的神經最後一根羽毛，勇次激動地抱著漢文嗚咽地說：「對不起，爸爸做錯了。對不起，爸爸對不起你……」

漢文驚訝地睜大眼睛，本來還不知道怎麼回事，忽然越過爸爸的肩膀看到桌前翻開的手機，漢文剎那間也崩潰了，大哭著拍著爸爸頭肩，在父子抱頭痛哭的眼淚鼻涕中，漢文只能反覆說著：「手機…阿爸…手機…手機……阿爸……」

一個正常人，會在自己無緣無故發怒之後感到內疚不安，從這裡面出現許多批判自己的念頭，然而批判與內疚並不能制止下一次的爆炸。也許是因為環境並沒有改變，壓力沒有減少，或是共同生活工作的人相處的模式也沒有改善。

最大的原因仍然在於覺知與理性。合掌靜心與祈請靈氣最大的好處就在於不斷的練習覺知，覺知當下自己正在吹笛子抱怨，或是發洩情緒倒瀉水瓶。覺知對自己的批判以及對他人的批判，覺知自己是否因為這些批判而無法放鬆，覺知並且允許自己在無法放鬆的壓力之中，可否多一點深呼吸，也多一點點的時間清空雜亂的思緒，只觀察念頭而不批判念頭，每一個念頭就像雲朵一般的過去，過去的就讓它過去。

一分鐘也好，五分鐘或十分鐘都行，給自己一把通往平靜的金鑰匙，深呼吸，接著進入放鬆，在壓力中覺知自己是誰，當下在做什麼，在委屈中，覺知一切的委屈都是因為太在意所造成的。

那麼覺知本身就可以把在情緒起伏中的詩人，從流動的火焰中轉換成手執智慧之劍的雅典娜。

雅典娜手中的盾牌傳說有無比的力量可以止卻誘惑。那盾牌上是蛇頭女海妖塞倫的頭像。在希臘神話中專門用歌聲引誘水手們迷失自我的海妖，代表了情緒的失控將會瞬間造成悔恨。

相對的，要得到這個盾牌，必須有足夠的智慧分析自我，讓那些亂竄的火焰，轉變成心靈的紫紅色力量，帶著智慧的實踐能力。

覺知使得我們可以相信每個人都有能力成為雅典娜，帶著覺知的智慧是慈悲的，對他人的批判和對自己的批判將溶解在更大的寬容之中。那麼心靈也就能夠從日積月累巨大的苦悶牢獄中釋放，重新獲得可貴的自由。

他人的眼神

在日期表格的周日周一分界中，隱藏著絕大多數人的時間矛盾，學生必須停止懶惰進入學習、應付考試，上班族得結束假日迎接備戰狀態。世界的運轉在秒針震盪中甦醒，踏入競爭、分配、擁有與權力慾望的沼澤中。因此每個人幾乎都必須在擁擠的時間格子中，與他人共存在縝密周延的運轉網絡中。

規畫著，或者被規畫著。審查著，或者被審查著。每張試卷的填寫都有成績分數，每一個事件處理都有明顯的結果和他人的審判眼光在盯著看。分數和眼光，是燦爛的誇讚還是冷酷的打擊，權力慾望清楚爭鬥出勝利與失敗的分界，所有的威脅與傾頽都足以挑弄心情高山深谷地起伏。

每天早晨不見得有陽光，有時陽光燦爛也不見得醒來的時候心情非常愉快，即使非常愉快也不見得是想上班的。只要一想到上班就很像一只洩了氣的氣球，似乎那個氣球裡面住著一位勉強地活著的老婦人。

這位老婦人一隻手緊握著生活必須的水瓶，另一隻手住著拐杖，赤裸的雙腳得努力往前走，才能找到湧泉，將水瓶灌滿。既無奈又不得已地活著，卻從沒有想到，一刻不停留的人生，早已在所有的時間皺褶裡，刻入了只有自己才能夠消化回憶以及取用的經驗。

在每天的生活當中，工作是磨人的，反覆又少有回饋。賺取有限的金錢，拖著疲憊的身體回家，第二天一早睜開眼睛，心中那位老婦人就出現了。如此周而復始，終於老婦人很想掙脫慣常，遁入美麗的星空與想像中。

職場上所有令人憤怒不公平的對待，以及資源分配不足與路線的爭鬥，都會在自我覺知當中，得到最好的釐清。人體的第三脈輪，顯像在我們肚臍上方胸骨下方，也就是太陽神經叢，主掌胃部以及十二指腸。

有句話說得好：「如果你的腦袋覺得應該有禮貌地跟某一個人合作，並且和他和平相處甚至相親相愛，但是你的肚子卻百般的覺得沒有辦法做到，只要這個人出現，你的肚子就怎麼樣也不舒服，那麼你最好相信你的肚子。」

第三脈輪關係到人際與我之間，當「我」了解到他人的情緒，和「我」可以選擇的反應沒有任何相關的時候，「我」就能夠在第三脈輪顯出一個可以扭轉的開關，往外去看看他人的反應，再往內看看自己的需求以及情緒，這時候「我」就會從一個被老婦人所掌控的難受、灰暗、狹窄中，回到寬闊的山水星空以及美麗的平靜中。

終究為了在正常的軌道中生活，我們必須貢獻我們自己每日的力量，再從平靜中回到繁忙的工作崗位，沉澱第三脈輪，深呼吸並且想像光從頭頂沿著脊椎清洗到腳跟。

當灰暗憤怒與焦慮隨著光芒消失時，出現的是原本的工作熱情能夠再度燃起一爐火。這一爐火點亮了一室的光明，可以看清楚桌上那些工具代表著早已累積的各種經驗和工作祕訣，這些熟悉的光影，可以改換老婦人的面貌，成為年輕又有活力的專業達人，生活的貢獻者。

上班族的工作雖然並不是獨一無二不可換缺的，但是在每一個工作崗位上努力的人，都因為願意付出而在時間的轉軸中，占有不可取代的價值。自我的正面價值會影響整體的社會價值。

面對在意的人批判的眼神，「我」時刻承受著價值審判的壓力。心中永遠有一個尺度法庭，上面坐著三位以上的審判長，衡量著每一個判斷的利弊得失與言語行為的合適度。往前一點能得到什麼，後退一些會損失多少，總合相加得到幾分呢？往頭頂上看，父母長輩家人或老闆投來的將是熱烈歡迎讚許還是冷漠？越焦慮著想把事情辦好，越有可能因為情緒障蔽，慌忙地選錯邊講錯話，或者發生嚴重的錯誤。

一波又一波的焦慮主導一切判斷，洞見只好隱而不現。

第三脈輪經營自我的存在感與他人的互動，在信任與摩擦猜疑中，胃部太陽神經叢幾乎無法放鬆，吃飯食不知味也消化不良。最可怕的是，所有的想法判斷會在千鈞一髮瞬時走岔。在理智不足以勝過憤怒時，只能看見事件最扁平的一面，在他人的權力慾望支配中，「我」正在節節敗退。

肩膀脖子因為緊繃而變得僵硬，連帶腎上腺素分泌增加，心跳加快，呼吸急促，全身細胞正團結一致準備防禦他人來襲，或是，丟棄城池逃跑。

當理智淹沒在失控的情緒中，焦躁的情緒被他人的眼神牽動著，在背叛與失落的牽引與包圍中，一個人就會失去正常該有的行為。

何不給自己一分鐘的時間放空腦袋，深深地吸一口氣，想像坦緩的藍色海波往沙灘上捲起小小的瀾漪，帶來腳下的清涼，再深深吸一口，金色的陽光閃耀在透藍的天空。當心跳緩和下來的時候，情緒也能慢慢平伏，第三脈輪逐漸鬆開時，理智也重新回到湛藍的天空下，意念隨著清明，我與他人的關係就能從混亂中歸零，重新一點一滴找回自信與智慧。於是他人的批判眼神不再是命運的領路者了，往前邁出的道路雖然不見得平坦寬敞，但卻一定是明亮清晰的。

在愛情中尋找道路

數個世紀以來，吉普賽人一直是天主教廣被的歐洲大陸上生命韌性最強的流浪族群，對於他們的神祕描述非常多，但最令人稱奇的並不是水晶球算命和煉金術，而是紙牌。這些紙牌卡在十九世紀末被萊德．偉特（Rider Waite）蒐集重整成現在廣泛運用的偉特塔羅牌，經常在人們生活中牽引著意識進入潛意識，甚至加入心理學家的研究，試圖從自我了解中逐漸推衍出稍可預見的未來，從已知的性格行為鋪敘出複雜的情感地圖。

抽出6號牌THE LOVERS，這張被視為愛情指引的主牌，圖面是亞當與夏娃各站在世界的一端，上方是太陽與大天使的祝福，亞當看向夏娃，試圖攫獲夏娃的眼神，背後是長滿火花的慾望之樹。而夏娃卻迷惑地抬頭望上找尋完美的天使，背後是蘋果樹與蛇，兩人之間是陡峭的遠山。

由於凡人都來自父母親各半的贈與，所以當情感發酵時，內在的男性面和女性面理所當然就有分歧的想法和聲音了。

愛情的男性面正是瞬間不斷爆發的火焰，愛情的女性面卻很夢幻，蘋果樹雖然代表禁忌，但也更進一步是大地豐饒的象徵，精神愛戀總需步下雲端踏入相互愛戀者的領地，蘋果樹根也因此將深植於物質世界。蛇雖然意味著情慾誘惑，但也代表了必須蛻變的人生經歷與面對改變時可能爆發的力量勇氣。帶著祝福手勢的天使是幻視中的完美情人，提示了人們總是追求毫無缺陷的非凡典範。

內在的男性面和女性面，對應著外在世界的男女伴侶，赤裸的亞當與夏娃象徵情人的原本面貌。愛戀時看向對方，只會混合內心希望的完美天使與對方最完美的一面，在迷濛的眼神中對方一切缺陷都不重要了。相反的，對方看向我時，在情人面前的表現，當然要極力掩飾原貌，並且希望對方也只看見我天使般的舉止。這個階段一定是本能地相互忽略缺點、誇張優美，是亙古以來天雷勾動地火的基本調性。

這些火花般的熱情一旦歷經歲月的淘洗，天使的光亮外衣將因無距離的現實生活而抽絲裂絮，完美的天使也將折翅落入僕僕塵土。

情感自我存在於掌控生殖系統的第二脈輪，以及左右信任的第四脈輪心輪的交互感知上。第二脈輪的內在自我經常在我要、我想、我希望的泥沼中掙扎，自我高張的時候，信任就會往相反的挑剔與不順眼的陡坡下滑，當自我縮小時，信任即可成為寬容與愛的城堡。

在這樣的反比拉鋸中，我要、我想、我希望，呈現在外的是不滿足、幼稚不成熟與達不到希望的自苦，也是苛求與爭執的根源。這個根源是伴侶關係最危險也最關鍵的變數，因著這個變數，想從6號卡中摸索到未來其實答案將有可能完全丕離圖面，並且變得撲朔難解。

楓葉在枝頭轉紅時，秋燥涼意飄忽忽隨著半枯乾的落葉吹下，不但黏答的感覺少了，似乎連鼻子喉嚨都被收乾，就算水分要溶入身體也莫名地發癢，喝水會脹，不喝卻渴。一位精擅食作的友人出示一份滋潤祕方，初看時不在意，過了將近一個多月，走到哪裡都看到過敏咳嗽、更嚴重有加喘者，才恍悟原來珍寶早已在手上，只是不懂充分運用而已。

祕方材料其實平常無奇，一斤有機無毒青檬、一斤手工紅冰糖、一小撮中藥青皮以及三百毫克好水。青檬皮油滑，邊削皮得小心劃到手，捏噴到眼睛時沒有柚子皮那麼刺激，雖然多眨幾下並不感難受，但片片刮下的檬皮油滋得滿手辛辣，怎麼沖水許久都還麻癢，像是不容易馴服的澀澀青春。水沸騰時倒入大塊紅冰糖，糖粒在沸泡中遇到無國界愛戀一般痴痴化了，關火先加入小撮青皮，稍候水溫至尚可燙舌的程度，再丟入刨片的鮮綠檬皮用鍋蓋悶住，過半小時至四十分鐘稍稍掀起鍋蓋時，鮮綠已泛成咖啡黃，這時檬皮的苦辛油苷已混和了青皮以及糖香，耐心待到糖水涼透，加入擠好的青檬酸汁，酸甜香澀中帶有舌根的回甘苦味，完美的青檬飲於是曖昧完成。

除非願意加入一點藥材、糖、水以及歲月的火候，否則一時的熱戀激情無法脫胎換骨為互信寬容，也不能總是搶得香甜而不要苦辛酸澀。

除了四季都有的檸檬以外，芸香科都在天涼以後才結果，在白露秋分之間最先出現的是文旦。喜歡成痴的人總覓得到多載寒暑的老樹小旦，入口潤澤細緻。秋分的意思即是秋天已經過半，白日黑夜平分、一整天沒有長短時的差異，妙齡女子到了傍晚須得加一件薄衫稍防華燈初上的涼意。過了秋分天候就從涼轉寒，下一個節氣即是寒露，這時是風吹颯颯夾帶西北雨的深秋，於是可以看到汁多米粒粗的大白柚與大紅柚，差不多同時綠橙、綠橘子也上市了。這些綠皮果實都帶酸澀香氣，等到綠皮轉紅時，香氣少了，果肉卻多了許多咂嘴的甜蜜，臘月時節過年應景的就是整攤整攤喜孜孜的金黃柑橘了。

《本草綱目》記載，柚果消食解酒毒。療妊婦不思食。去腸胃中惡氣。散憤懣。這麼多好處指的都是難以食嚥且剝著有時還讓人打噴嚏的柚皮，而非美滋滋的果肉。

年年輪轉，天地刻時應允在相同的季節裡演出這些果香盛典，千百年來人們循著前人的經驗採摘收取後，挑選陽春三月與秋高氣爽時，鋪排出每年兩度的曝曬、收庫、乾藏，反覆處理的年份越久療效越高，用這個方法把性情氣烈的未熟青果製成青皮，對應睡眠不穩和壞脾氣導致的乾咳便祕。把性情和緩的甜果製成陳皮，對於去除天涼感冒咳痰多有大幫助。再把熟果去肉剝掉內裡的白絡絮只剩紅色外皮，稱為橘紅，多為長期羸弱氣喘久咳者補強意志力。

青皮、陳皮、橘紅、枳、金柑皮五種同屬橘皮類中草藥，依照呼吸氣息深淺與脾胃腸道消化瘀阻的各種症狀，而有不同的對應製程和調理，結果大概都是讓大腸往下通出，排解積滯毒物，通暢腸道的同時，呼吸自然可以改善，即是肺、大腸經脈相表裡的藥理。

中醫理論在看不見的氣脈與藥食同源中應證出完整的身心理解。對應同樣古老的脈輪經驗，大腸所在的下腹部中央即是第二脈輪中心點，掌管伴侶關係，情感層面的情緒起伏牽動內分泌在生殖系統下腹部所有器官的影響。靈性語言中大腸意味著Let It Go，即「讓它走吧！」經常便祕者在潛意識的理解是執著於早就應該棄捨的過去，或是堅持不放開痛苦的創傷，總是哭泣的靈魂在不知不覺中將淚水淹沒到第四脈輪，那裡有全身最重要的血液幫浦，心臟。以及主導內外氣息交流的肺臟，情感的苦楚漫漫淹過鼻咽呼吸道時，鼻子過敏、感冒、氣喘咳嗽就終年不見痊癒，當然更不用說敞開心胸去接受未來。

熟透的伴侶關係使得兩人進入生命共同體的狀態，最美的卻也最不容易做到的誓盟就是白頭偕老。

因為來自不同的家庭養成，內在性情的青澀與甜熟速度並不一致，在每一段共度的時光中，兩人世界總要發生許多不如意的麻煩。久而久之，其中一人有可能不願意繼續承擔對方的幼稚，向外找尋其他傾聽者。另一人有可能再也無法忍受對方粗糙的原貌，而尋求第二個溫暖細緻的庇護。伴侶關係從這個分歧點引爆變形。從陌生到曖昧以至於成為家人，是一幅既長又崎嶇的山水風景，走到山的盡頭看似無路可走，爬上山石越過小溪又是柳暗花明，只是身旁不見得仍是同一人。因為簡單粗暴的擁有慾使得路途變得狹隘，一旦出現第三者，總有一人必須被擠落谷底。

有如天地崩裂般的變化是覺知仍在懵懂狀態的人最難以承受的。許多人寧可一直痛苦也不願意面對。

第二脈輪的固執與苦惱，總連帶著第四脈輪的信任與愛蕩然無存。亞當或夏娃恐懼著世界另一端的逃亡，不願意看清楚天使的祝福其實是來自內在自我的覺知與進化，總希望對方願意回頭或是改變，但是不信任又助長了嫌惡與冷漠，從此再也沒有停止過的憤怒將一點一滴啃噬原本平靜美麗的心湖。

靈氣五守則之一，就在今日不生氣，從潛意識的語言翻譯，即是願意接受重大改變，真正看清楚自己與對方的青澀矛盾，相信經過時間的洗禮，自我可以因為覺知而得到良藥般的助力與勇氣。

在合掌靜心中祈請靈氣，放下嘈雜紛亂的思緒，在心輪間交託信任，告訴自己：是的，我受傷了，我很憤怒，深深地吸入天地宇宙的滋養，撫平徐徐難安的心肺，祈請靈氣金白色的光芒從頭頂灑下，沖刷整條背脊，讓渾渾噩噩的黑暗從脊椎的尾端離開。療癒自己進入另一個祝福的改變，比報復與傷害對方更重要，因為後者只會讓靈魂更深地沉淪頹廢。

信任靈氣與自我內在光亮的結合，恐懼也將在未來的道路中逐漸失去魔法般的影響力。

迷霧中的抉擇

直覺只在理性覺知與自我執著的一線之隔。在面臨岔路抉擇的關鍵時刻，若被洶湧而來的情緒淹沒，勝出的會是我要我想，我的慾望與情緒。洞見也就深深被捲入黑漩渦中，永不見天日。

一個努力準備考試的人，面對試題時若只有緊張焦慮和可能考壞的恐懼，那麼臨考有可能直接看錯試題或根本慌張到全忘了作答技巧。這是每個人都有過的經驗。

「直覺」本身必須是理性冷靜又客觀的判斷，與事件真相相互映照。自我的感受過多時，內在的非理性不知不覺就主導了潛意識傾向錯誤的判斷。驕傲自大的人經常不想知道別人的想法，主觀將蒙上他的眼耳，靠向好聽的言語，討厭不同的意見，認為所有的錯都是別人的錯。因此內在的自我反省，客觀的修養，總是與真正的直覺成絕對正比。

蠱惑

很短的短褲，搭上俏皮的半邊耳環，染了全金的頭髮，二十歲的煢煢在捷運站廁所裡掏出化妝包，對著鏡子再審視一次。凝視著完美肉感的自己，滿意地微笑了。一出廁所，兩個年輕男孩在外頭等她。一個幫她拉提箱，另一個幫她揹包包。

「阿丸子，我們還有幾站？」甇甇對拉提箱的高瘦男問。

「你確定要去做這件事嗎？其實想想我們肉組的工作也沒多差。」阿丸子穿著牛仔褲白T恤，如果他說話少一點娘炮，甇甇也許會考慮跟他在一起。

「看來你在打退堂鼓，」幫甇甇背包包的另一個矮短男黝黑的肌肉塊上充滿各種刺青，接話說：「你忘了肉組對我們有多剝削？我黑哥一眼就看穿啦，那個老A只想罩他幾個自己人，去冷凍庫搬肉那種最粗重的工作只好派給我們！」甇甇看他一眼，黑哥說話是很有男性氣魄，但缺點就是不夠高又愛學人留長髮紮馬尾，愛吃，又微胖小有鮪魚肚，雖然被他自己稱為是腹肌。這兩個人如果能適當地中和一下，那就完美了。甇甇看著黑哥眼角媚挑一下嬌聲說：「對啊，不過如果不是叫我去冷凍庫搬肉，就認識不到黑葛格了！」甇甇說到最後幾個字是用鼻音發出的。

「但是你們真的想好要去那裡做那件事嗎？」阿丸子又問一次，瞪著甇甇撒嬌的樣子，硬生生扳回犖犖歪向黑哥的肩膀，語氣生硬許多。

「丸子生氣什麼呀？」犖犖就讓他隨意扳回自己的肩膀，捉狹地說：「你不覺得我們正在嘗試好玩的人生嗎？黑哥說那是個可以開眼界的工作啊！」犖犖伸出軟軟的手指摸摸阿丸子的臉頰，聲音又和剛剛的甜魅不同，變得細細弱弱的，每根趾甲都有白粉色的花樣，上面還鑲貼著小鑽，在捷運月台燈光下閃閃燦耀，「人家就因為知道下一個工作只打電話，不必搬肉切肉，才花錢去做指甲呀！」

「其實那裡很開明，如果進去做，不論是一天還是一周或者更久，不喜歡隨時可以走人，他們也不會限制你，比在家裡被碎念好多了！阿丸子，你不是說你阿嬤很會碎念嗎？」黑哥說得像完全進新公司去混過似的。

「肉組那個老A其實也不是太壞，就是很愛雜念，什麼進去冷凍庫要多穿一點免得著涼，去他媽的！」阿丸子不自然地加一句髒話，想學黑哥那樣成為一個酷狠男引起犖犖的注意，忽然又覺得老A跟老爸很像，有很多讓人討厭的原則，忍不住真的討厭起來：「搬出來放錯位子也不行，他是個細節控制狂！」阿丸子說的是他老爸，看犖犖一眼，發現這個女生在微笑，顯然有點讚賞他，阿丸子興奮地開始亂罵：「老A最愛那幾個聽話的，拜託喔！那些人根本是敢怒不敢言好不好！背後還不是把他罵到不能超生！」

「哈，你終於也知道真相，我還以為你也是老A愛將之一咧，從剛才還一直替他說話。」黑哥把阿丸子抹黑一把，也看一眼甇甇，問：「你離職有跟你媽說嗎？」

「不用說啦，我媽是新老公比誰都重要，她不會管我在哪裡，有沒有被人欺侮，活得好不好……」甇甇眨眨眼，鼻子眼睛紅一下子，立刻掉下一滴眼淚說：「我早就想通啦，在家靠父母，我是沒得靠的，有骨氣一點，出外靠朋友吧。你們不就是我最好的朋友?!」甇甇收起哭臉，又甜甜蜜蜜地一手插進一個男生的臂彎裡勾著，三個人就在月台上成了一直線。

往中壢方向的機場捷運來了，月台上沒什麼人，三人就螃蟹橫走一排挺挺直進車廂。這個時間車廂裡也沒什麼人，阿丸子將行李箱放到行李架上，雖然位子很多，他們仍然站在行李架旁說話。

「我們真的要去中壢嗎？其實我們也可以換高鐵去高雄旗津玩，回台北再重新找工作啊！甇甇我請你，這一點錢我還出得起！」阿丸子試圖扭轉情勢，不確定地試探著問。

「旗津有什麼好玩？我阿嬤就住在那裡。等下好死不死被撞到！」煢煢翻個白眼又嘟起小嘴很可愛地歪著頭說：「嗯嗯，不然，我們先去墾丁坐熱氣球，玩到開心，再去中壢工作也不晚。不過，阿丸子出了高鐵錢，」煢煢又變成嗲聲拖拉尾音說：「黑葛格，那你要出熱氣球的錢和旅館錢嗎？你跟阿丸子一間，我自己一間喔。」

「還學有錢人去花蓮外海看鯨魚咧！你們作白日夢喔！」黑哥一句話就打翻了兩個人的玩興，還繼續說：「跟人家說好了什麼時候要報到，最好別給人家放鳥，到站的時候會有黑車子來接我們啦！」

「你不能跟他們拖延一下嗎？大家都說工作和工作的銜接中間，要充分去放鬆一下，玩到過癮再去工作才會認命給人家剝削！」阿丸子很想去玩，所以很認真地說出煢煢也贊成的想法。

「幹麼拖三拖四的，人家的黑車子已經開出來了，還要開回去，第一天就打壞老大的印象，很不好耶！」黑哥很不高興地說。

「老大？好奇怪，新公司的主管叫做老大嗎？新公司主管親自來接我們喔？還是你的拜把兄弟才叫老大嗎？」犖犖很開心又好奇，覺得黑哥很罩很有辦法。

「你們不知道，這種工作賺錢容易得要死。要做的人多的是，所以他們才沒在怕，不要做是你們的損失啦！」黑哥牛頭不對馬嘴，也不解釋誰是老大。

「聽說我們肉組只比廚師組薪水低一點，當然除了高級主管以外，我們肉組是全公司薪水第二高的，其實今天早上老A還勸我不要這麼衝動。如果我們要回去工作還是可以的，真的要放棄嗎？中壢那個真的很好賺嗎？一直打電話的工作是不是拉保險啊？聽說拉保險要拉到才能抽成，沒有底薪的，哪有可能打電話就可以賺到錢？」阿丸子對於前途感到忐忑，犖犖看著，這個高高的男生不安的時候連站著也抖腿。沒用！犖犖心中罵一聲，換個方向，就看到黑哥後頸風神翼手龍的刺青，墨藍綠的角骨飛翅霸氣的橫越兩肩背，翼手隨著一突一縮的肌肉鼓動著，凶猛的尖嘴上方是赤紅的雙眼，彷彿活脫脫在後腦勺長了一雙凌厲的鷹眼。犖犖喜歡這個很酷的圖騰，軟軟地又伸手摸了一下。黑哥的頸部毛細孔全因為這一摸張開了，刺青中的雞皮疙瘩全立了起來。似乎刺激到黑哥，說話忽然變得激動高昂：「哪是拉保險啦！你根本搞錯了！我們是打電話挖金礦，金礦懂不懂?!一起做事業！」

「打電話挖金礦？你做過那個工作嗎？老大聽起來有點像黑道耶！」阿丸子照著直覺說，還是怕怕的，⿱𤇾乞⿱𤇾乞打了他一下，瞪他一眼，轉而問黑哥說：「來接我們的人為什麼叫做老大？」

「好吧，我本來想到站了老大自然會跟你們說明，現在先說也可以。」黑哥吞吞口水，穩住了才開口，像有一番正式的演講：「老大會先告訴大家工作性質，願意了，才蒙上大家的眼睛坐上他們的黑賓士去公司，所以我們都不會知道去的地點確切在哪裡。工作意願上絕不強迫，是很自由的，剛剛說了，隨時不做就可以走人。我四年前就做過，如果不是因為別人抽K菸賣毒賴到我頭上，我也不會離開，那裡就像天堂！後來老大搞清楚問題不在我，才主動要我再回去。」

「靠，好強啊！」⿱𤇾乞⿱𤇾乞羨慕地說，她已經覺得阿丸子怎樣也比不上黑哥，直接不掩飾愛慕，整個人貼過去問說：「既然你有經驗，那再說說，我們還需要準備什麼嗎？有沒有什麼危險？」

「你覺得進肉組的時候需要準備什麼？有什麼危險？」黑哥反問。⿱𤇾乞⿱𤇾乞還沒回答，阿丸子為了爭取筦筦的讚許，立刻怪聲怪氣模仿著說：「大型吃到飽餐廳的肉組成員，首先要有榮譽感，從冰庫取肉放到冷藏退凍等待第二天取用，是每天下班前最重要的工作。要知道自己手上這些肉是客人不可或缺的美食，所以絕不能用髒手汙染它們。並且，要準備好團隊精神，不會割肉沒關係，看著別人處理大件的，就要想辦法在旁邊等著接下小件的工作，例如幫忙壓住大塊肉、撕開黏在肉裡的筋膜骨頭、扔掉過肥的油，掏出雞骨髓、鴨子內臟和羊肉排切割，都得小心扔對鍋子，別混在一起，免得烹調組又來罵人。不論小切塊剁碎還是大張薄片，醃漬、泡軟、滾麵粉或麵包粉準備油炸，都要仔細妥善，以免油炸組又來抱怨。因為大家都很忙，沒空一件一件指揮盯著你做，你們自己要擅長找細碎人家沒空做的事情勤勞做，懶惰就是團隊精神的賊！」阿丸子呱拉呱啦背完，三個人都大笑。

「老A每天說的話還真讓人印象深刻！不過肉組訓話和我們現在要去做的事情有什麼相關？」筦筦追問著，阿丸子可疑地問：「為什麼要蒙上眼睛啊？」

「哪，你們都知道了，榮譽感和團隊精神！公司最強調的就是這兩件！」

黑哥又略過阿丸子的問題，權威地講出重點，得意的眼神穿梭在阿丸子和煢煢驚訝的表情上。

「榮譽感?!」阿丸子不可置信地叫起來，卻隱隱覺得那公司的幹活那麼神祕，似乎哪裡不對勁。引得煢煢拍他的背尷尬地說：「欸，小聲點啦！那幾個人轉頭看我們了！」剛好車廂門打開，那些人都出去了，車廂裡又回到空蕩蕩的狀態，只有他們三個還靠著行李架講話。

「好吧，從團隊精神講起，就一併回答你問的，」黑哥在煢煢崇拜的眼神中，一副阿丸子是個笨蛋的氣勢，熟路老鳥地說：「一進公司上面的人就會先拿走手機或任何可以和外界通訊的東西。不必奇怪，公司需要保護地點的隱密性，以免被警察查到。所以上黑賓士前蒙住頭眼對我們來說也是一種不被公司懷疑的保障，就算是有警察混進來當內奸也會沒轍。上班時，上面自然會公平安排每個人的電話獵頭陌生開發。只要願意完全按照公司指示的電腦語音程序走，就一定會有相當的收穫！別自以為聰明變花樣，等到對方聽完電腦語音還不掛斷，又按下轉接服務人員鍵，就表示魚已經吞鉤了，公司會告訴你一套完整的ＳＯＰ。完全按照套數說話，就是最佳的團隊精神。」

聽到這裡阿丸子已經心裡有數，他的腳又開始抖了，這次不是茫然感，而是真正的害怕。他不知道他自己踏上了哪一條小彎道，是不是有凶險，於是他第一次沒看煢煢，很擔心地問：「有這麼簡單嗎？但是我們可以賺多少錢？我們會不會被警察抓？我已經超過十八歲了耶！」阿丸子現在才搞清楚黑哥一直說的陌生開發公司是怎麼回事。

煢煢也沒有料到另一家公司是這樣。一方面覺得黑哥很酷，但另一方面也有點反應不過來，太炫的事情一旦親臨接觸，還真讓人一時之間手足無措，煢煢還想知道更多，於是又問：「那你再說榮譽感，那是什麼？你說的公司就是詐騙集團吧！詐騙不是做壞事嗎？」至少做好事還是做壞事，這時候的煢煢還分得很清楚。

「你希不希望有錢買最新的哀鳳？你想不想要有名牌包？你有沒有想過跟那些有好父母的人一樣，將來可以住豪宅開超跑？但是你不想用身體進入風月場所賺錢吧，那太 Low 了！」黑哥邊說煢煢邊點頭，黑哥細小的眼睛靈活地轉來轉去，善辯又流暢地轉著話語說：「我們做這個工作不必簽賣身契下海陪客人，不喜歡你就走人，公司絕對尊重你，自由，立馬還你手機物件，照樣蒙上眼睛載你回車站。但是，如果你有膽，按照公司的流程走，一有個十萬三十萬甚至上百萬上鉤的，你的戶頭就白花花出現一萬兩萬三萬十萬，十趴抽紅！」

「很多耶！像我們這樣年紀，規規矩矩在肉組上班，被人操死，一個月也還賺不到兩萬五。」𤇾𤇾想著十趴抽紅，很同意地說。

「是不是！是不是！」黑哥兩隻短手疊拍著，道理都在裡面了，還繼續說：「大餐廳又怎麼樣，錢都是老闆賺去，我們這些小咖的有什麼搞頭?!能買什麼屁股啦?!所以說，要有賺錢的決心，你才能堅持做下去。這就是榮譽感，懂不懂！」

「原來這叫做榮譽感！恩——」𤇾𤇾似乎陷入短暫的發呆，她的眼珠子隨著窗景飛逝而左右滾動，下意識拉拉自己的袖子，對著車窗外往後倒的樹影撥弄一下頭髮，一張漂亮的臉蛋，就像小時候她看到的老媽，那時老媽皮膚粉嫩又留著美麗的長髮，收到男朋友送的香奈兒水藍包欣喜若狂，一只五千美元限量版，那叔叔的手就放在老媽的屁股上，他們還以為她在睡覺沒看到。老媽有許多叔叔換著，𤇾𤇾每次都幻想猜測自己到底是哪一個叔叔的種，因為老媽說得很絕，「你爸就是最有錢最英俊瀟灑的那個！」

在煢煢逐漸長大的觀察中，發現其實每一個叔叔，不管是年輕還是老的，手到底放在哪裡並不是老媽的重點，重要的是送哪一種禮的可以在家裡過夜幾天。煢煢討厭他們，不過她老媽就會說：「人生就是這麼短暫，要趁漂亮年輕賺錢，錢賺到了就是你的，生意上門來，當然別跟錢過不去！」

到煢煢十三歲的時候，老媽問她有個很帥又有錢的富二代看中她，她要不要穿著學生制服跟那男的睡一晚，可以立刻拿到兩百萬。煢煢跟最要好的阿秀說，阿秀反問她：「你比較愛錢還是比較愛自己？如果你比較愛錢，那就拿兩百萬，如果你比較愛自己，那兩百萬將來有一天你一定賺得到更多，你老媽是不是有嗑藥啊？你要不要乾脆離家出走，以免以後她變成你的接客經紀人？」

那天下午煢煢趁老媽和客人在房間那個，整理好自己的箱子就和等在門外的阿秀逃家，也順便不必上學了。阿秀有個在汽機車零件工廠裡做黑手的男朋友，建議她先成為失蹤人口，名字換成煢煢，在工廠裡打工賺現金，這樣她就徹底和老媽斷絕關係了。但是她的夢境裡經常出現那只限量版水藍鑽包。夢醒的時候就會想念一下小時候的老媽。嗯哼，現在總算知道了，這不是什麼想念，應該就是黑哥所說的榮譽心！

「但是——」阿丸子忽然喊一聲，甇甇嚇一跳，從發呆中回神瞪他一眼，推阿丸子一把說：「怎樣啦?!你不敢喔！又不是要你去當牛郎幫人家點K菸！很沒膽耶！」

「你這個女生很強喔！怎麼連拉K你都知道？你去混過嗎？看起來又不像！」黑哥斜眼看甇甇，半疑惑半挑釁地問。

「沒什麼啊，我有國中同學在林森北路坐檯啦，她們說一盤K菸才五百元，很多人都願意試試看。」甇甇若無其事地說，又想起她在門縫後偷看老媽幫客人點K菸一邊口交的白爛樣子，當那種說不出的臭焦味從門縫洩出的時候，她會趕緊放掉門把跑出去，隨便去哪裡都好，亂晃到天黑，無路可走了才回家。

「嗯——還好你沒跟他們一起做那種事！」阿丸子正經八百地說，還吐吐舌，甇甇竟然莫名其妙覺得生氣，覺得自己被汙辱了似地，咬牙說：「老娘就算去做，也輪不到你管！」

「你看，我們這種公司不是高上許多，說說話就可以賺進大把鈔票！」黑哥乘機炫耀起來。

「但是——」阿丸子的腿又抖起來了，被瑩瑩摔一掌到他正抖著的腿上。阿丸子因為這一掌欲言又止，嘴裡咀動半晌，終於說出另一種難受的考量：「但是對朋友可以說實話嗎？說進詐騙集團？既然我們只是去賺錢。比較高尚。」他這個疑問一出口，瑩瑩立刻想到阿秀，如果她必須消失一陣子，阿秀一定會找她，所以瑩瑩接著問：「對啊，總不能完全不跟阿秀他們聯絡吧，大家都會很奇怪，從群組上消音了，以後追問起來，難道要說坐月子去了嗎？」

「你可以別說坐月子啊！」黑哥覺得很好笑，擠得眼睛眉毛都彎了：「說你臨時去澳門賭場工作，也可以說去澳洲打工遊學，每天採香菇很不容易有無線網路啊。剛開始工作還沒完全穩定，那就不方便聯絡一陣子也很正常。沒有人會怪你忽然人間蒸發好不好，大家都很忙。而且，」黑哥對阿丸子比了一個槍決的手勢說：「對朋友絕對別說詐騙集團，因為只有親身經歷的我們才知道這行業有多高尚，詐騙聽在平凡無膽人的耳朵裡總是怪怪的，也會懷疑將來你這個人會不會詐騙朋友。」

「這也滿有道理的，」阿丸子搔搔頭，說詞太完美了，似乎找不到破綻，他比較遲鈍，但是滿肚子卻焦慮不安，終於又想到一個最無法說服自己往前走的阻礙，結結巴巴地說：「不過……自己家裡人總……總不能隱瞞吧？」很困難地講，阿丸子低著頭，不看犵犵，他知道那雙盯著他的假睫毛正眨巴眨巴地扇著，要繼續說下去就得假裝沒那雙假睫毛：「一陣子沒聯絡，媽媽也會擔心，萬一出什麼事總要有人知道才好。」

說的雖然是媽媽，阿丸子想到的卻是父親擔心的眼神，以及哥哥總是罵他笨，手比著太陽穴說他腦袋進水的樣子。犵犵霹靂手巴在他的後腦勺，說：「你有病啊！跟家人講你還做得了什麼事?!」

「嘖嘖，難怪大家都說你笨，原來你不是笨，是媽寶！連犵犵一個小女生都比你靈光。想太多就做不了大事，你只是海撈個幾筆就回到正常生活裡，祕密來又祕密去，誰知道你做過什麼？到底有那麼好怕嘛？」

「對，大撈幾筆，和過去全部切斷，向窮苦說掰掰，再也不必煩惱錢，隨便花，錢都能隨便掉下來。」犵犵就像開竅了，開心地說得手舞足蹈。

「都不能對外聯絡喔。」阿丸子低下頭嘟噥著，困在無邊的煩惱裡，卻不敢在兩人面前表示反對。兩手無意識地扭著T恤下襬，開始想念好心準備晚餐和洗澡水給他的阿嬤，在餐廳工作很晚才回家的爸媽。他的肉組工作就是爸爸的朋友介紹來的。要是他們知道他進入詐騙集團，一定會很吃驚又難受。但是他斜眼偷偷瞄一下煢煢，金色的瀏海飄在粉白的前額，下面是畫得粗粗的眉毛和一排又長又密的假睫毛，小巧秀挺的鼻子和翹嘟嘟的厚嘴唇，煢煢毫不掩飾地告訴過他，她賺來的錢都去做臉上的微整形，割雙眼皮，眼角拉開一些讓眼睛變大，戴上深咖啡色的隱形眼鏡讓眼瞳看起來很水靈，把太高又半途有小突起的鼻梁弧度修正成美女彎，兩頰添加一點蘋果肌，兩個高顴骨削成瓜子臉，這樣就算只畫眉毛口紅，其他部分都素顏，也很正很明星臉。

雖然一切都是假的，阿丸子還是很喜歡。他忍不住拿手去撥撥煢煢的金色長髮，被煢煢一甩頭避開。阿丸子的手尷尬地停在半空中。

「幹麼？不敢就別跟啊，下一站你就出去啦！」煢煢耍狠放嗆，覺得這個高個子娘得讓人煩，用力推推，阿丸子覺得煢煢連生氣的時候都很嬌豔，煢煢再度不留情面地噴火說：「你真的很孬耶！」

「難道，」阿丸子被孬這個字刺激，不知哪來的勇氣，忽然大聲起來：「又不是只有我有爸媽，你們爸媽都不會擔心嗎？」他真的搞不清楚煢煢的狀況，也不能理解黑哥的生長背景。

「我操！」黑哥憤恨地罵一聲，「我老爸會想我才怪！他最好是！」他老爸現在可能不知道躺在哪個捷運站角落睡覺，他寧願當流浪漢，也不願意負責任養家庭保護小孩，弟弟十歲時，媽媽不明原因死在手術台上，他和弟弟必須去三個舅舅家輪流住，舅媽們都不喜歡他們這對叛逆又不聽話的兄弟，尤其是黑哥，最喜歡嗆話頂嘴，表兄弟姊妹們也都討厭他們。黑哥國二時發生過一次集體大吵架，所有的表兄弟一起聯合嗆他們，說：「你們這種寄生蟲，有種就搬出去，別再回來！」從此黑哥就進入幫派當小弟，幾個月後賺到錢，就帶著小他三歲的弟弟出來，在中和工廠附近租個一個月一千五百元的房間，雖然這個房間是廁所改造的，馬桶和水槽拔除，用木板稍微封住遮掩，床板下面就是原本的浴缸，牆壁還都是廁所用的瓷磚，但是窗戶很大，可以看到馬路上車子行人川流，早上太陽照射進來很亮，晚上霓虹燈也會熱鬧地閃到天亮，不論如何，總算也是個安定的住處了，他讓弟弟睡床板，他睡地上，夜空裡各色燈光在窗外穿梭，他夢想有一天可以買台北市一〇一附近的豪宅。

他恨爸爸沒出息不懂得賺錢！賺錢是榮譽心！

老大是這樣教他的。他若能幫老大找到越多人手就越好，他的老大說，他們這組人馬是新分支，要一出手就表現強。黑哥很快整理好差一點走火的心情，說服眼前這個媽寶是他的任務。這個孬娘泡已經跟到這裡，說不動就顯得自己能力太差！

「你一直擔心別人的看法，其實我告訴你啦——」黑哥換一個比較同理的口吻說：「不會有人知道的，當你真的賺到大錢，人家就會對你另眼相看，才不會管你是從哪裡賺來的！現在賺大錢的機會就在你眼前，代價就是你自己心裡發毛而已。做這個沒有比妓女、吸毒賣毒更糟，只要你發財了，你的人生就脫胎換骨！」黑哥說的真是想過很久的肺腑之言，邊觀察阿丸子的表情，覺得他抿著嘴的線條有些鬆開，腳也停止抖動，似乎這番話有很大的安撫確定效果，往這個方向拉是對了。

黑哥的眼睛瞄到煢煢，發現這女的正崇拜地盯著自己，心中雖然有些得意，卻也明瞭這種渣女絕對拜金，碰不得。碰上了一輩子倒大楣，索性送給笨蛋做個順水人情。於是黑哥對阿丸子笑著說：「你看煢煢這麼試著想賺錢，難道你不想陪她一起嗎？」

陪煢煢一起，好大的誘惑啊，阿丸子又開始掙扎，傍晚的陽光很刺目，阿丸子卻感覺不到熱力。

犖犖眨眨眼問：「對啊，多點人陪著去比較好，」她一轉頭對黑哥撒嬌說：「那地方會不會很可怕啊？像電影裡那種黑暗的巷道、沒有窗戶的地下室什麼的？」黑哥哈哈大笑說：「那是什麼古代爛黑窩啊？現在哪有這種地方，要找也找不到好不好！我們要去的地方是個大豪宅啦，小姐！一個裡面應有盡有、很完備的大豪宅！有地毯，窗明几淨，每天有阿姨負責打掃，連垃圾都不用你出去倒。房間比旅館還棒，除了免費吃住之外，什麼有趣的玩樂設備都很讚，電腦是最先進的霸王神獸機，玩起遊戲亂爽的！晚上睡不著肚子餓時，有各種辛拉麵、零食，舒跑寶礦力咖啡奶茶可樂餅隨便吃，比澳門賭城還更精緻。保證你絕對不會想家！」

犖犖邊聽眼睛邊亮起來，但阿丸子卻更疑惑，他不斷偷看犖犖，過一會兒，腿又開始抖了，黑哥心裡暗想，這個人到底怎麼回事啊?!果然阿丸子又白目問：「我爸常說，天下沒有白吃的午餐，我們總不是去被招待在豪宅裡享受生活的吧？要付出什麼工作代價呢？」

「欸，你的疑心病很重耶！剛剛黑哥就說過，不想做的人也不勉強啊，你可以走，只是賺不到錢。」熒熒不耐煩打斷阿丸子說話，她已經在想拿到第一桶十萬要做什麼。

「當然這些享受要用白天的工作努力換得，早上九點上班，下午五點下班，守著電話機聽電腦撥放的聲音，有些人根本不必花一整個早上的時間，對方害怕了直接去匯款五百萬，你的戶頭就會有十趴五十萬。這天你就可以下班去玩線上神獸。沒賺到的人只好繼續工作，直到下午三四點，算盡力了，沒抓到賺錢的機會也不是你的錯，只是那天手氣沒那麼好，沒人會怪你。這不是很人道嗎？哪像外面那些什麼什麼厲害的企業，都對員工黑心壓榨得要命！」黑哥已經不必做任何掩飾，反而深入細節解釋得很清楚。

「那我以前在家裡接到詐騙電話還會叫對方別騙人會下拔舌地獄……」阿丸子覺得自己快要掉到懸崖下，他努力掙扎著，猶豫了一下，還是脫口說出最後一句：「熒熒，我們別做這種事比較好吧！」

熒熒立刻又推他一把，阿丸子險些摔跤，熒熒凶著：「你的腦袋哪根神經接錯了吧，老娘要去賺錢要你管！」黑哥嘆了一口氣，很遺憾看著阿丸子，這個人孬到底沒膽，算了。只能讓他下一站就回台北，別讓他繼續跟下去，老大說過，「道不同不相為謀，不是心甘情願的，也做不久。對錢的慾望野心不夠旺的，會很孬。」真給老大說對了！

「你下一站下車吧！我是一定要去試試手氣的！人生不就是一場賭局嗎？」犖犖已經說出黑哥要說的話。

犖犖的金髮披散在肩上，夕陽把她的影子拉得長颼颼的，像一張漂泊的紙片，填入蘋果肌的可愛臉頰側向阿丸子，他心頭一緊，下一站的車廂門一打開，他們就永遠分道揚鑣！阿丸子像掉了心頭一塊肉，紅咚咚的。

「你還會跟我聯絡吧？我們還在同一個群組裡，也有電話。」阿丸子說這話時自己也嚇一跳，這話一出，表示真的同意下一站走。剩下不到兩分鐘就會到站，他真的要踏出車廂門嗎？

愛情的幻象與是非對錯的選擇天人交戰。車廂裡已經沒有任何笑語，才不過一兩分鐘內，夕陽隱沒，天色黯然，車門緩緩滑開，犖犖迅速雙手用力推他出去，毫不留情。他呆呆站在月台邊，在警示聲中看著車門和月台門。兩重門慢動作似地又滑著關上，車窗裡的犖犖沒再回頭鳥他，列車規律地往軌道前方用力駛去，只剩月台上的跑馬燈不斷閃著。

阿丸子的初戀隨風而逝。又圓又大的月亮升上半空中，他從這裡回三重的家應該很快，可以想見阿嬤又要囉嗦：「不讀書又不好好工作，到底想幹麼！」誰也沒辦法理解他現在失去金色長髮的難受與落魄，他什麼都不想辯解，只想好好洗個熱水澡，躺回自己熟悉的被窩裡耍賴。但是很奇怪，內心深處卻實實在在鬆了一口氣。

不假思索的時候意識會聽令於潛意識。因此不斷練習作題可以增加考試時候面對試題的熟悉度，栽種樹苗為業的老農可以立即分辨長出來的是雜草還是樹苗發芽，賣水果的人可以一眼看穿哪顆綠色酪梨都快要爛了也還沒完全熟透，漂亮燕巢大芭樂光滑的表面上只有幾個黑點，就能確定那是蟲洞，裡面肯定有蟲爛。花店的老闆靠直覺就能將枯黃難搞的蘭花救活，這些各行各業達人，都因為經驗累積豐厚，而在面對新的難題時熟能生巧。

「生巧」正是潛意識轉化經驗成為直覺的部分。不斷反覆累積經驗可以使直覺洞見不斷增長。洞見能增加人生道路上選擇的順暢度，直覺能連結更高的力量。因此能直接判斷道路上有多少崎嶇與危險坑洞。

找回金鑰匙

當心中有疑惑困擾卻沒有解決的頭緒時，陽光似乎瞬間隱遁不見，道路上充滿泥濘，何時才能撥開漫天霧靄，恍恍惚惚，就算眼睛再努力睜大些，尋尋覓覓也找不著答案。一切的苦悶都來自於解不開的謎團。

既然上司不欣賞我，那麼我應該往外尋找更好的職位，還是內部調動，或者繼續忍耐？小孩到了必須上幼兒園的時候了，送去哪一間園所才能得到完善的照顧，並且將來可以直接讀上最好的小學，上最好的國中直升高中，以至於讀大學以後也發展無憂？如果不買房子就無法讓老公斷了簽六合彩的念頭，因為花下去是一兩千萬以上的事，可不能隨便驟下決定，那麼這幾間房子到底哪一間自住投資兩相宜？人生道路上充滿了不可預知的事件必須做選擇。從理財投資、工作、愛戀對象，每一個關鍵時刻都是大大小小的岔路，猶豫了會錯過機會，衝動處理太快會打破碗公，真難拿捏。

如果前方岔路相距太遠，不但必須做決定，還要負責決定後的成敗，那麼另一種簡單的方法就是閉上眼睛過生活，賴過一天是一天，逛街購物、散步、去看一場精采的秀、把小孩罵一頓、去跳國標舞、找一家餐廳大吃大喝，或者根本徹底封閉自我捶牆壁，喝酒抽菸，埋在醉生夢死的爛泥裡。

糟糕的是，打滾在物質世界的泥沼中，並不能產生任何解決問題的洞見，一切也只會更迷茫，甚至失去道路與方向。

想面對真正的答案，除了必須有勇氣，還需要光啟的力量，直覺與洞見。往往人們在最苦悶的時候，如能有一點靈犀提示。問題就能迎刃而解。念頭轉一個彎就柳暗花明。

直覺與洞見就是黑夜迷霧中的金鑰匙。那麼直覺可以經由反覆練習而取得嗎？直覺的字面解釋，即是不經由事件經驗直接得到對的判斷。感覺上似乎很難，甚至常常認為已經獲得直覺判斷了，在事實的印證之後卻是完全錯誤的。因此主觀與直覺洞見常常只在一線之隔。

為了分辨主觀與真正的洞見，反覆合掌靜心與靈氣合而為一，可避免錯將主觀當成直覺。將意念放在耳朵，閉上眼睛，張開耳朵，深深吸氣，緩緩吐氣，隨著呼吸移動意念的專注點，你會進入深沉的平和中，聽到外界各種嘈雜聲，摩托車呼嘯而過，樓下夫妻吵架，阿嬤打孫子，小孩的哭聲，過路的修理門窗車叫賣聲，細微的空調冷暖氣變換葉片開闔聲。這些對進入沉靜的你沒有影響，在靈氣的祝福中，這些聲音跟你一點也不相干，你完全成為客觀的「旁聽者」。

光從頭頂往下旋轉，深深地吸氣，緩緩地吐氣，靈氣沉入小腹，貫穿到腳底，消融所有的煩惱憂慮，溫柔地揉暖酸澀的雙眼，打開阻塞的鼻竇，靈氣的光和熱進入喉結與聲帶，環繞頸椎，放鬆橋腦呼吸心跳中樞，釋放憂鬱與悲傷，鬆開連接頸部與肩膀的肌肉結塊，放鬆肩頸上背部，所有的疼痛都在的光與熱中隱沒，深深地吸氣，緩緩地吐氣，辛苦的心肺沉浸在最溫暖的洗滌中，靈氣穿越橫膈膜，放鬆下背部，輕輕閉著的眼底看見光的河流，沿岸綻放著美麗的花朵，光的浪濤隨著呼吸進入每一個脈輪，小腹中央的本我輪，我的一切越來越清晰，我的價值在光體中顯現，開啟銀河無限旋轉的能量，光旋轉在酸楚的下背部，釋出腰薦關節難以言喻的不舒服，深深地吸氣，緩緩地吐氣，靈氣隨著呼吸流向腳跟與腳踝關節，轉換洗滌每一個細胞的記憶與雜質，生離死別，憤怒與悲傷，那裡隱隱閃著未被證實的淚痕，深深地吸氣，再一次慢慢吐氣，所有不愉快的、黑暗的角落都成為光，靈氣旋轉在每一道猶豫不決與煩惱的難題中，身體是靈氣的導電體和接收器，燦爛的光在難題中消化沁透。

令人生氣的場景，擔憂的難堪與可能做錯決定的恐懼，在光中，深呼吸，緩緩地吐氣，吐出的都是靈氣的光亮與美好。每一個脈輪振動中沉澱不該有的雜質，轉換所有的負向情緒，祝福每一種雜質在光中清空，脈輪的振動頻率逐漸回到最和諧的狀態。

雙眼在漫漾的吐氣中張開，多給自己一分鐘的平靜，心神緩步沉浸在靈氣的祝福裡，不停旋轉的銀河系，源源不絕的靈氣與光穿透大宇宙，進入身體小宇宙。將意念專注在等待解決的事件上，清楚的對應答案將在空靈的腦海中浮現，這個答案幾乎就是直覺洞見。

人類從古到今發明了相當多的工具以窺看未來，塔羅牌、紫微斗數、占星術、八卦、八字推命，近代發展出更多的天使牌卡、OH卡等等，全都需要直覺洞見這把金鑰匙去開啟未來的那怕是一扇窗或是一道門縫。

古埃及金字塔中整齊的文字圖像，早已被學者們的研究完全解讀出對應的英文字母。這一套已經無人再用的文字，經過時空的洗鍊，提供了單純的心靈與現實紀事的連結。

不必熟讀這些埃及文字圖像，反覆找回金鑰匙的過程，身心靈沉浸在和諧中，閉起眼睛深呼吸，向光的內在發問，這個難題會出現幾張埃及文字圖作為解答？一張圖案嗎？五張？或者兩張？如果感覺張數一再搖擺不確定，那麼再一次祈請靈氣的祝福與光的啟示，直到澄淨的內在浮現確定的張數為止。

決定答案的圖案張數後，仍在呼吸中緩緩張開雙眼。這時候的雙眼最誠實，當眼睛毫不猶豫地停留在某一格圖像上，那就是答案。如果應該有好幾張圖案，那麼可用筆紙以英文字母記下讀取到的圖片，按照眼睛所見的先後順序排列。

輕鬆地祈請靈氣，清明地張開雙眼，誠實地用三十秒的時間挑選圖案，一點也不必緊張，因為這整個過程只有自己和靈氣，沒有任何人可以偷窺或參與。準備一張白紙和一盒粉蠟筆，把挑選出的圖案依樣畫葫蘆放大摹畫在白紙上。

什麼？白紙需要多大張？圖片要放大多少？蠟筆需要十二色還是二十四色或者更多？

從現在開始別用這些小細節絆住思維，也改變一下習慣性的挑剔細密，在靈氣中放寬這些限制，想怎麼做就怎麼做，在全然的信任中，當一個自由繪畫的小孩，放任這個內在小孩從繪畫中舒展心思，和直覺與洞見在光中相會。塗

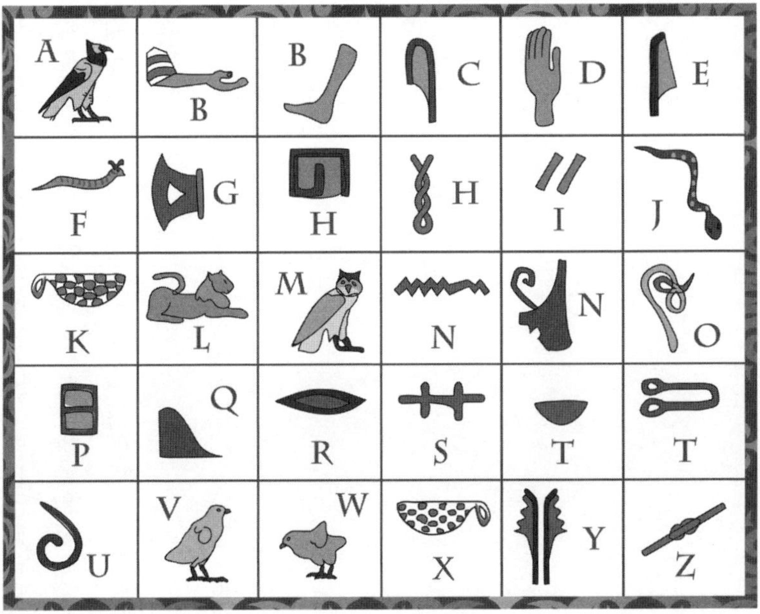
A
B
B
C
D
E
F
G
H
H
I
J
K
L
M
N
N
O
P
Q
R
S
T
T
U
V
W
X
Y
Z

227 —— 226

上喜歡的顏色，用心中的難題與找出的答案圖，為自己製作最客製化的靜心畫本，目的不是在療癒苦悶打發時間，而是在圖案拼湊和填充顏色的過程中，靈性的內在已經能夠知道解決問題的方法。即使目前仍在無解狀態，也能在粉彩過程中覓取初步應對的方向。

信任與交託，靈氣的帶引將在光的祝福中找回金鑰匙，重新步上希望的坦途！

連結靈氣穿越困境

人生勝利組的最佳狀態有幾個呈現。

完美無缺的婚姻，白頭偕老。孝順的子女，隨喚隨到。高枕無憂的經濟狀態，怎麼花到臨終前也不必顧慮。事業上被讚賞的成就，那片天空無人可及。老而健康的身心，不必依賴鼻胃管與病床過活。朋友隨時聚會，都能生龍活虎侃侃而談。手足親人都平安，長壽又和睦友好。

人們要的不多，就這一點願望，卻總覺得路途上不斷碰壁跌跤。正因為撞牆了，才學會得繞路走；挫折跌跤了，才知道擔心害怕與生氣其實無濟於事。西元四世紀神聖羅馬帝國的希波主教奧古斯丁，在《懺悔錄》中記載自己從異教徒成為基督徒的過程，他的成長很世間地不斷受到欲望的誘惑，金錢的、愛情的、前途事業發展的、友情的，結果因為大病一場而改變想法，接受天主教的受洗。他的陳述中，幾乎不斷地在宗教教義上自我反覆質疑與辯論。沒有懷疑就沒有信任，就是他的名句。

那麼懷疑吧！先帶著懷疑的眼光和凡事求證的腦袋，在想望達成中發生憂慮煩惱時，試著交託與信任更高的正向力量。在理智中冷靜觀察事件的發展，印證的過程需要時間的拉扯等待，以及暫時擱置原本的痛苦煩惱的毅力。那

麼，高能量的智慧也許就在靈光一閃之中直接連結了

靈氣傳承百多年來，五守則一直歷久彌新，因為「就在今日不生氣、不擔憂、感激一切、貢獻己力在分內之事上、善待他人」，其實直指人生道路上的各種欲想發生時，所可能面對各種最難處理的困境。所有的情緒起伏點所根源的困境，都來自我對周遭人事物的欲求不順遂。

二次世界大戰發生之前十幾年，創立靈氣的臼井博士過世了，但二次世界大戰之後，臼井靈氣卻廣傳到全世界，並因此影響了其他更多能量療法的開發。例如奠基在臼井靈氣基礎上的昆達里尼靈氣、需要臼井靈氣二級結業以上的卡魯納靈氣，以及沒有符號傳承的擴大療癒法、撫觸療法、量子觸療、人類圖、心靈拼貼、感覺碰觸等等。其他另類能量療法有從民族文化中演變的，例如印地安人的薩滿療法，從古老波斯民族拜火教演變的聖火傳承等等。

在科學勝過一切，權力失控導致各種戰爭的二十世紀，人們逐漸失去嚴格的宗教定義，開啟對信仰極度懷疑的時代理念，宗教傳承裡的古老智慧，甚至民族神話，都直接從人們內心深處拔根而除。人類文化的演變，在科學實證精神的引導下，幾乎形成了普遍精神無根的漂浮人生觀，智者們試圖從宗教以外

的方法重新整理，衍繹人類救贖之道。如果擴大「靈氣」的定義，那麼所有進入光與正向的宇宙大能量，都是靈氣的一部分。

當人們在虔誠的祈禱狀態，其實是安心於內在的平靜中，各種靜坐的方法都包含有反覆深呼吸。開啟連結更高頻率的共振，也許是宗教信仰中熟悉的聖母瑪麗亞、上帝、諸佛或三清道祖，宗教中不同名稱的更高存在，其實在光能量的高頻振動中是沒有界線的。就算是沒有任何信仰的人，也能經由信任交託連結光。

是的，關鍵就在「信任與交託」。

「靈氣」在狹窄的定義上，是一百多年前臼井博士獨創時寫下的兩個字，因此真正的靈氣學習只能回歸所有得到臼井靈氣傳承認證的靈氣師父們，從他們傳授靈氣與靈氣符號。對於有興趣真正進入的人，只須透過網路搜尋或從朋友打聽，不難找到合適的教授者。

信任與交託給不論哪一種學習路徑與傳承，不論廣義的靈氣或狹義的靈氣傳承，超越人類集體潛意識的更高智慧連結，脫離困境的答案與抉擇，其實就在進入光的不遠處。

後記

我們在靈氣的光中

為了照顧年邁的父親，二〇〇五年我從美國返台。第一件事就是整修住家。

當設計師把我家從內牆拆到外牆，各式工班任意進出時，焦慮很快讓我陷入谷底……和焦慮成反比，體重卻迅速增加了。

這時好友建議不妨與狗相伴，狗的忠誠可以解憂。

正巧友人的哈士奇母狗剛生下五隻小狗，主人願意分贈。我看著圓滾滾的五團小毛球，有花有白也有黑……玩耍中的小毛球該選誰呢？讓我陷入沉思。

突然小黑狗向著我跑來，停在我腳邊。小腦袋躺在我的鞋子上，一動也不動，就這麼睡著了。

朋友笑著說：「苔菁，你不用選了，黑狗已經選了你啦！」

上天聽到我的祈求，把小黑送到我的生命中。

小黑非常聰明能懂人語，在他盡責的護衛與相伴下，我們相互得到了最大的安定和信任的喜悅。

二〇一七年初，小黑在深夜時發生胃翻轉，雖然驚慌失措，上天終究庇佑，讓我及時發現送往醫院，緊急手術保住了小命。

然而黑黑的抵抗力已經大不如前，血液再被焦蟲感染，再一次我們必須面對嚴酷的療程。我體認到他，是一步一步踏入無可逆轉的衰老了。鼻子毫無濕潤地乾澀，淚水控制不住地沿著鼻子流出長長的二道痕。

小黑怕吃藥，也不喜歡藥的味道。他拒吃時就讓藥從嘴角流下，不吞也不吐，總覺得他是想放棄了……

連月來小黑的呼吸急促，他無法安眠，我也沒有辦法睡好。最不敢去想的就是即將失去他。

對於這個好孩子，我真是好矛盾啊！不希望黑黑是為著愛媽媽而痛苦的撐著虛弱的身體。好幾次我在小黑旁頭對頭躺下，我想和他交心，想對他說些什麼……但我想他會懂，因為媽媽傷心的淚水一直流，無法說話。

就在黑黑體力越來越衰弱的關頭，可風得知我正面臨無力救黑黑的痛苦，竟破例挪出三天時間，緊急傳授靈氣的課程給我。可風是我啟發靈性的好友，她和母親同住，平日生活簡樸，自律甚高。應該說，我很欽佩她，以她為模範。

和她學靈氣是自然的，沒有局限沒有形式，在任何環境下，只要祈請靈氣，我都能夠結合更大的正向能量，那是寧靜與信任的。

在熟悉咒語的書寫和背誦後，每天早晚，我都用靈氣自我洗滌，也用靈氣練習給小黑治療。在清洗黑黑的脈輪後，靈氣的光完整包覆小黑。入夜後，拉上所有的窗簾，讓黑黑隱藏在靈氣光的保護中，任何邪氣不能侵犯他。

在靈氣的靈示中，我的手移動到黑黑最需要的部位，黑黑的身體會抽動，不可思議，黑黑的急促呼吸也平穩下來。這樣反覆許多次，黑黑終於在靈氣的治療下能夠安睡了。

我感受到靈氣強大安定的力量，感到連直覺都變得更清楚明晰，對於生活中的人事物能夠更快覺知，只要小黑一不舒服，我就立即祈請連結靈氣。

數日後的一個清晨，我被小黑洪亮的叫聲吵醒。我站到窗邊，看到小黑正對著停在家旁的貨車狂吼，他很盡責的在保護這個家！太久沒有聽到這麼強壯的肺活量啊！我真心的笑開，合掌感恩靈氣啊！

我將小黑交託給靈氣的大能，祈求靈氣的高靈們給予我們最好最大最合適的祝福與治療，讓我們一直在靈氣的光中，完整地被溫暖與幸福包覆著。

祈願小黑有生之年都健康快樂！

Magic 20

大人密碼——用靈氣召回金鑰匙

作　　者	魏可風
總 編 輯	初安民
責任編輯	宋敏菁
美術編輯	黃昶憲　林麗華
圖片提供	魏可風
內文繪圖	黃昶憲
校　　對	吳美滿　魏可風 宋敏菁
發 行 人	張書銘
出　　版	INK 印刻文學生活雜誌出版有限公司 新北市中和區建一路 249 號 8 樓 電話：02-22281626 傳眞：02-22281598 e-mail：ink.book@msa.hinet.net
網　　址	舒讀網 http：//www.sudu.cc
法律顧問	巨鼎博達法律事務所 施竣中律師
總 代 理	成陽出版股份有限公司 電話：03-3589000（代表號） 傳眞：03-3556521
郵政劃撥	19785090 印刻文學生活雜誌出版有限公司
印　　刷	海王印刷事業股份有限公司
港澳總經銷	泛華發行代理有限公司
地　　址	香港新界將軍澳工業邨駿昌街 7 號 2 樓
電　　話	(852) 2798 2220
傳　　眞	(852) 2796 5471
網　　址	www.gccd.com.hk
出版日期	2018 年 8 月　　初版
ISBN	978-986-387-249-8

定　價　300 元

國家圖書館出版品預行編目資料

大人密碼——用靈氣召回金鑰匙／
魏可風 著.－－初版，－－新北市中和區：
INK印刻文學，
2018.08　面；　14.8 × 21公分（Magic；20）
ISBN　978-986-387-249-8（平裝）
1.靈修　2.生活指導
192.1　　107011356